KB074231

시장의
빌런들

시장의 빌런들

당신이 소비하는 사이, 그 기업들은 세상을 끝장내는 중이다

이완배 지음

북트리거

작은 돌부리에 거대 기업이 쓰러질 수도 있다

미국의 자동차 제조사 제너럴 모터스^{General Motors, GM}의 차량에서 각종 결함이 발견된 일이 있었다. 한 가족이 GM 산하 쉐보레의 1979년형 말리부 차량을 타고 크리스마스 예배에 다녀오던 중, 추돌 사고가 나자마자 엔진이 폭발해 끔찍한 화상을 입게 되면서 문제가 알려지기 시작했다.

그런데 조사 과정에서 충격적이게도 GM이 차량 결함을 미리 알고 있었다는 사실이 밝혀졌다. 그렇다면 GM은 왜 리콜 등의 방법으로 차량 결함을 고치려 하지 않았던 것일까? GM은 1973년 엔지니어인 에드워드 아이비에게 이 문제를 해결해 보라는 지시를 내렸다. 이때 아이비가 내린 결론은 이것이었다.

① 차량 화재로 500명의 사망자가 발생한다면, GM은 한 사람당 손해배상금 20만 달러를 물어야 한다.

② 이미 판매된 자동차가 4,100만 대이므로, 사망자 500명분의 배

상금 1억 달러를 4,100만 대로 나누면 차량 한 대당 손실액은 2달러 40센트다.

③ 한편 4,100만 대를 모두 리콜해 수리를 할 경우 차량 한 대당 수리 비용은 8달러 59센트로 계산된다.

④ 엔진 결함이 있는 차를 리콜하지 않고 사망자가 발생했을 때 배상금을 물어 주면 차량 한 대당 6달러 19센트, 총 2억 5,379만 달러를 절약할 수 있다.

⑤ 그러므로 GM은 사망 사고 발생 여부에 관계없이 리콜을 피하고 2억 5,379만 달러를 절약하는 것이 현명한 행동이다.

실로 놀라운 이야기가 아닌가? 사람이 죽건 말건 오로지 이익만을 좇아야 한다는 주장을 이렇게 태연히, 대놓고 하다니 말이다. 그런데 그보다도 더 놀라운 사실이 있다. GM이 그와 같은 내용의 보고서를 실제로 채택했다는 것이다. 기업이 추구하는 이윤 앞에 사람의 생명은 함부로 버려도 좋을 몇 달러짜리 상품으로 전락해 버렸다.

자본주의사회에서 기업은 이윤을 추구한다. 그리고 한때 이 이윤 추구라는 거대한 목표 아래 이루어지는 어떤 비도덕적 행위라도 합리화되고 용인되었다. 이것이 시장과 자본주의가 등장한 이래로 오랫동안 통용된 기업관이다. 하지만 그것이 정녕 옳은가? GM처럼 사람이 죽건 말건 오로지 이익만을 추구하는 기업을 우리는 용납할 수 있을까? 그럴 리가 없다. 기업도 한 사회를 구성하는 구성원이다. 우리가 사는 사회는 그와 같은 비윤리적 행위를 용납하지 않는다. 그게 인간이 수만 년 동안 사회를 구성하고 살아온 방식이다.

시민사회가 성숙기에 접어들면서, 이윤을 극대화하기 위해 사람의 목숨을 헌신짝처럼 내버리던 기업들이 엄청난 반발에 부딪치기 시작했다. 소비자 운동과 시민운동은 돈만 알고 도덕을 내팽개친 기업들을 그냥 두지 않았다. 1970년대 GM이 저질렀던 짓을 오늘날의 한 자동차 기업이 반복한다고 생각해 보라. 단언컨대 그 기업은 자동차 업계에서 영원히 퇴출될 것이다. 시민사회는 기업의 부도덕함을 더 이상 관용하지 않는다. 기업의 사회적 책임을 비롯한 ESG 경영이 그 어느 때보다도 강조되는 이유다.

이 책에서는 도덕과 사회적 책임을 내팽개치고 사회에 온갖 해를 끼쳤던 세계 각국 '빌런villain' 기업들의 모습을 담았다. 명백히 법에 어긋나는 짓을 저지른 기업이 있는가 하면, 합법과 불법의 영역 사이에서 교묘히 줄을 타며 인류에 해악을 끼친 기업들도 여럿 있다. 하지만 분명한 사실은 비록 그 악행이 법의 경계 안에 있다 하더라도 보편적 도덕과 사회적 책임이라는 가치를 저버린 기업은 반드시 응분의 대가를 치러야 한다는 사실이다. 이 사회가 바로 서기 위해서 말이다.

기업의 입장에서 도덕과 사회적 책임을 무시하는 경영은 앞으로 결코 용납되지 않을 것이라는 사실을 명심해야 할 것이다. "사람은 산에 걸려 넘어지지 않는다. 작은 돌부리에 걸려 넘어진다."라는 말이 있다. 좀 유식한 척하고 표현하면 "人咸跌于垤 莫跌于山(인함질우질 막질우산)"이라고 한다. 도덕과 사회적 책임을 경시하지 말라. 대충 무시하고 지나가도 될 것이라 생각했던 작은 돌부리에 거대한 기업이 쓰러질 수도 있으니.

마찬가지로 우리에게 역시 소비자로서, 또 시민사회의 일원으로서 이와 같은 빌런 기업들을 감시하고 응징할 책무가 있다. 몸집이 커질대로 커져 전 세계의 이권을 쥐고 흔드는 공룡 기업들을 한 줌 법과 규제만으로 통제하기는 역부족이다. 거대 기업들에 맞설 수 있는 것은 결국 시민사회의 의지와 연대뿐이다. 부족하지만 이 책이 우리의 그와 같은 책무를 이해하고 이행하는 데 조금이나마 도움이 되기를 소망한다.

2024년 봄, 안국동에서

이완배

차례

1부.
파괴와 죽음을 생산하다

2부.
삶과 즐거움을 훼손하다

3부.
세상을 속이고 뒤흔들다

"세계화가 후진국은 물론 선진국의 농촌까지도 빈곤으로
몰아가고 있는 지금, 농민들은 더 이상 누구를 향해 기도해야
할지조차 모르고 있다."

  _ 마리 모니크 로뱅, 저널리스트

네슬레 1866~
도쿄전력 1951~
몬산토 1901~2018
BP 1909~
아처대니얼스미들랜드 1902~
벙기 1818~
카길 1865~
루이드레퓌스 1851~
퍼듀파마 1892~2021
코카콜라 1892~
옥시레킷벤키저 1991~
길리어드사이언스 1987~

1부.
파괴와 죽음을
생산하다

"세상에서
가장 사악한 기업"

_《애퍼처》

누가 그 많은
아프리카의 아기를 죽였나?

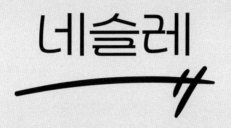

NESTLÉ

소재지: 스위스 브베
창립: 1866년
분야: 식품업

───── 의사 대통령의 죽음

1970년 칠레의 대통령으로 살바도르 아옌데Salvador Allende가 당선되었다. 특이하게도, 정치에 입문하기 전 그의 직업은 소아과 의사였다. 따라서 그는 아동 건강에 누구보다도 관심이 많았다.

아옌데 재임 당시 칠레는 경제적으로 풍요로운 나라가 아니었다. 소수의 기득권층이 재화 대부분을 차지할 정도로 빈부 격차가 심했고, 아동 영양실조는 심각한 수준이었다. 아옌데는 난국을 돌파할 대책을 우유에서 찾았다. 그는 단백질과 지방, 칼슘과 비타민이 풍부한 우유가 아동 건강을 지켜 주리라고 봤다.

문제는 충분한 양의 우유를 구매할 경제적 여유가 칠레 국민에게 없었다는 점이다. 아옌데는 이 문제를 정부 차원에서 해결하기 위하여 15세 이하의 모든 칠레 국민에게 매일매일 500밀리리터의 분유 및 우유를 무료로 제공하기로 했다.

결론부터 말하면 아옌데의 '우유 무상 제공 정책'은 실패로 돌아갔다. 이 정책에 결사반대하는 막강한 세력이 등장했기 때문이다. 그 세력은 바로 1970년대 라틴아메리카의 우유·분유 시장을 장악한 식품기업 '네슬레Nestlé'다. 칠레 정부는 제값을 치르고 우유를 구매하려 했지만, 네슬레는 단 한 잔의 우유도 팔 수 없다며 버텼다. 정부가 우유를 무료로 나눠 주면 회사가 그동안 챙겨 온 막대한 이익이 사라질까 두려워서였다.

네슬레는 미국과 유럽 강대국의 정부에 로비를 벌여 아옌데 정권을 압박했다. 특히 세계 최초로 선거를 통해 사회주의 정부를 세운 아옌데의 영향력을 염려한 미국은, 갖은 경제 제재를 동원하여 칠레 경제를 피폐하게 만들었다. 분유 제조 회사를 협박해 칠레로 분유를 수출 못 하도록 막는 것을 시작으로, 1970년대 칠레의 가장 큰 돈벌이 수단이던 구리 수출을 무력화하고자 미국이 보유한 구리를 시장에 모조리 풀어서 가격을 폭락시켰다. 또 칠레 운수 업계의 파업을 조종하고, 광산과 공장의 태업을 부채질하기도 했다.

경제적으로 큰 곤란을 겪던 아옌데 정권은 결국 1973년 군사 반란에 무너졌다. 아옌데는 반란군에 맞서 끝까지 총을 들고 항전했지만, 최후의 순간 스스로 목숨을 끊었다. 이때 반란군을 강력하게 후원한 곳이 미국 중앙정보국CIA이다. 미국의 후원에 힘입어 칠레의 새 대통령 자리에 오른 반란군 수장, 아우구스토 피노체트Augusto Pinochet는 집권 이후 17년 동안 무자비한 독재를 펼쳐 칠레 역사상 최악의 학살자로 자리매김했다.

───── 세계 최대 식품 기업이 사람을 죽인다고?

1866년 스위스에서 설립된 네슬레는 유제품, 유아 식품, 생수, 시리얼, 커피, 과자 따위를 제조, 판매하는 회사다. "우유나 파는 기업이 크면 얼마나 크겠어?" 하고 얕잡아 봐선 곤란하다.

기업의 크기를 평가할 때 보편적으로 적용하는 기준이 '시가총액'이다. 시가총액이란 쉽게 말해 그 기업의 주식을 모조리 사들이려면 얼마가 필요한지를 계산한 수치다. 예를 들어 어떤 기업의 시가총액이 100조 원일 때, 100조 원을 내면 해당 회사 주식을 100퍼센트 가져서 그 기업의 완벽한 주인이 될 수 있다는 의미다.

2024년 3월 기준, 네슬레의 시가총액은 무려 약 375조 원에 이른다. 반도체와 휴대전화 사업으로 글로벌 기업 반열에 오른 삼성전자의 같은 시기 시가총액이 약 550조 원이고, 세계적인 식음료 기업 코카콜라의 시가총액이 약 355조 원임을 고려하면 이는 엄청난 수치다. 네슬레의 가치가 코카콜라를 넘어 삼성전자에 버금간다는 이야기다.

하지만 아동 건강을 위한 제품을 주로 파는 네슬레는 뜻밖에도 아이들의 죽음에 매우 무관심했다. 아니, 무관심을 넘어 아이들의 죽음을 방조하거나 조장하기도 했다. 살바도르 아옌데의 개혁을 좌초시켜 칠레 아이들을 죽음으로 내몬 것은 하나의 예에 불과하다.

2021년 2월 네슬레를 비롯한 일곱 개 회사는 코트디부아르의 카카오 농장에서 아이들이 노동을 착취당하는 사실을 묵인한 혐의로 인권 단체 IRA International Rights Advocates에 의해 피소됐다. 네슬레 등은 농장 일의 효율을 높인다는 명목으로 아이들의 맨몸에다가 살충제와

아프리카의 카카오 농장에서 고된 노동에 시달리는 어린이들.

제초제를 바르고 고된 노동 현장에 내몰았으며, 그렇게 수확한 카카오는 초콜릿 제품의 원료로 쓰였다. 피해자들은 16세 미만의 나이에 농장으로 끌려가서 수년간 임금도 제대로 받지 못한 채 일했다. 아이들의 건강을 생각한 제품을 만든다는 회사가 그 제품을 만들기 위해 아이들을 죽음으로 내모는 상황, 이 얼마나 모순적인가?

아프리카에 눈독 들인 네슬레

출산율은 사회의 풍요를 비추는 거울과도 같다. 다시 말해 사회가 풍족하고 살기 좋을수록 출산율이 높아지고, 반대로 사회가 험악하고 살기 어려울수록 출산율이 떨어진다는 뜻이다.

미국의 출산율을 보면 이러한 경향이 명확하게 드러난다. 미국 국립보건통계센터NCHS의 자료에 따르면 1920년대 초 15~44세 여성 1,000명당 출생아 수는 120명에 육박했다. 그러다가 제2차세계대전(1939~1945)이 발발한 이듬해인 1940년에는 그 수가 80명 이하로 떨어졌다. 사람들이 전쟁 통에 아이 낳기를 꺼린 탓이다. 이 숫자는 종전 직후인 1946년부터 폭증해 1950년대에 다시 120명대를 뚫었다. 그 시기에 태어난 사람들을 '베이비붐 세대baby boomers'라 부른다. 1946~1964년에 출생한 베이비붐 세대는 현재 미국 인구의 20퍼센트를 넘는다. 전쟁이 끝난 뒤 희망을 발견한 미국인들이 다시 아이를 낳기 시작한 덕분이다.

'자본주의 황금기'라 불린 전후戰後 호황기가 지나고 유류파동으로 미국 경제가 흔들리자 1970년대 여성 1,000명당 출생아 수가 다시 80명 이하로 폭락했다. 급격히 감소하는 출산율의 직격탄을 맞은 기업이 바로 네슬레였다. 네슬레의 주력 제품이 '분유'였기 때문이다. 네슬레로서는 부쩍 줄어든 분유 판매량을 늘릴 새로운 방법을 찾아야 했다. 이때 네슬레가 눈을 돌린 곳이 아프리카다.

네슬레는 본격적으로 분유를 판매하기 전에 무료 분유 샘플을 아프리카 전역에 뿌려 댔다. "유럽의 건강하고 통통한 아기들은 모두 모유 대신 분유를 먹는다."라는 광고 문구와 함께 말이다. 그렇지 않아도 가난에 찌들었던 아프리카의 엄마들은 네슬레가 나눠 주는 공짜 분유 샘플을 덥석 받아 아기들에게 먹였다.

이것이 비극의 시작이었다. 분유를 먹은 아기들이 설사와 구토 등

배앓이 증상을 보이면서 죽어 나갔다. 이유는 간단했다. 기본적으로 분유는 젖병으로 먹인다. 따라서 위생을 위해 반드시 젖병을 소독해야 한다. 하지만 당시 아프리카에는 젖병을 소독할 주방 시설이 거의 없다시피 했다. 물도 끓이지 않고 마시는 형편에 젖병을 어떻게 소독한단 말인가?

더 큰 문제는 네슬레가 무료 판촉을 중단한 뒤부터 시작됐다. 엄마의 젖은 아이가 주기적으로 빨지 않으면 말라 버린다. 즉 한번 모유 수유를 중단하면 되돌아오는 것이 거의 불가능하다는 의미다. 네슬레가 분유 샘플을 뿌린 까닭은 바로 이 때문이다. 한번 분유를 입에 댄 아기는 분유를 끊을 수 없다는 사실을, 회사는 너무나 잘 알고 있었다.

그러나 슬프게도 아프리카의 엄마 가운데 상당수는 분윳값을 감당할 능력이 없었다. 다시 모유를 먹이려 해도 이미 젖은 말라 버렸다. 엄마들은 어쩔 수 없이 아기들에게 마른 젖을 억지로 물리거나 턱없이 묽게 탄 분유를 먹였고, 제대로 영양분을 공급받지 못한 아기들은 영양실조로 죽어 나갔다. 네슬레는 많은 분유를 팔았지만, 그 결과로 아프리카의 아기들은 목숨을 잃어야만 했다.

——— 소비자들, 네슬레와 맞서다

네슬레의 악행이 알려지자 미국과 유럽의 뜻있는 사람들이 네슬레를 규탄하는 시민 행동에 나섰다. 아무리 기업의 목적이 이윤 추구라지만, 분유를 먹일 처지가 아닌 아프리카 대륙에 무료 샘플을 풀어 이런 비극을 초래한 악덕 경영까지 참을 순 없었기 때문이다.

1973년 영국의 독립 잡지 《뉴인터내셔널리스트New Internationalist》에 네슬레의 공격적 마케팅 전략이 공개됐고, 1974년 영국 자선단체 '빈곤과의전쟁War on Want'은 소책자를 만들어 네슬레의 악행을 고발했다. 특히 빈곤과의전쟁은 책자 표지에 젖병 안에서 죽어 가는 아프리카 아기를 그려 넣고, 그 옆에 "유아 살인마The baby killer"라는 문구를 적었다. 네슬레의 분유 판촉이 아기들을 죽이는 행위였음을 분명히 한 것이다.

네슬레의 만행에 저항하는 시민운동은 다른 국가로 들불처럼 번져 나갔다. 1974년엔 스위스의 싱크탱크 'AG3W Arbeitsgruppe Dritte Welt Bern'가 빈곤과의전쟁의 소책자를 독일어로 번역한 문서「Nestlé tötet Babys」를 발표했고, 1977년엔 미국의 소비자들이 조직적인 저항에 나섰으며, 1979년엔 '국제유아식행동네트워크IBFAN'가 창설되기에 이르렀다. 지금도 이러한 운동은 '베이비밀크액션Baby Milk Action'과 '국제네슬레보이콧위원회International Nestlé Boycott Committee'라는 두 단체를 중심으로 세계 곳곳에서 활발히 펼쳐지고 있다.

소비자들은 분유뿐 아니라 네슬레가 만드는 모든 제품을 대상으로 광범위한 불매운동을 벌였다. 뜨거운 연대의 물결에 공룡 기업 네슬레는 마침내 무릎을 꿇었다. 네슬레는 사태 초반에 "젖병을 소독하지 않고 분유를 먹이는 비위생적 행동까지 우리가 어떻게 책임지란 말이냐?"라며 버텼으나, 걷잡을 수 없이 확산하는 불매운동을 견디지 못했다.

war
on
want

A War on Want investigation into the promotion and sale of
powdered baby milks in the Third World

The
baby
killer

35p

빈곤과의전쟁이 네슬레의 만행을 알린 소책자.

결국 1984년 네슬레는 "더는 빈곤국에서 공격적인 분유 마케팅을 하지 않겠다"고 약속하기에 이른다. 뜻있는 사람들의 연대가 '베이비 킬러' 네슬레를 굴복시킨 것이다. 네슬레 불매운동은 아기들의 생명까지 볼모로 잡고 이윤을 추구한 거대 식품기업의 추악한 민낯을 여과 없이 드러냈다. 또한 그에 맞서는 용맹한 소비자들의 연대가 얼마나 위력적인지도 보여 주었다.

기업은 이윤을 위해 반인륜적인 만행을 저지르곤 한다. 그리고 역사적으로 확인된 이를 막을 방법은 단 한 가지, 바로 소비자들의 뜨거운 연대뿐이다.

"일본의 규제 결함은
궁극적으로 일본 원자력
산업의 책임 결여와 일본
사회의 강한 권위주의에
뿌리를 두고 있다."

_제임스 M. 액턴, 카네기 국제평화재단 핵 정책 이사

후쿠시마 원자력발전소 폭발은
그들의 책임이었다

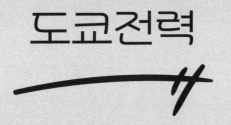

도쿄전력

TOKYO
ELECTRIC POWER
COMPANY

소재지: 일본 도쿄
창립: 1951년
분야: 전력 생산 및 공급

—— 아픈 기억을 잊으려는 본능

일본의 논객 아즈마 히로키는 2012년에 '후쿠시마 제1원전을 관광지로 만들자.'라는 독특한 제안을 했다. 후쿠시마 제1원전은 어디인가? 2011년 동일본 대지진으로 엄청난 양의 방사성물질이 누출된 곳이자, 1986년 우크라이나 체르노빌에서 발생한 원전 사고와 함께 인류 역사상 가장 끔찍한 원자력발전소 참사가 일어난 곳으로 꼽히는 장소다. 그런데 이 끔찍한 장소를 '관광지'로 만들자니, 얼마나 황당한 주장인가? 하지만 아즈마가 이런 주장을 한 까닭은 따로 있다.

바로, 그렇게라도 하지 않으면 참사를 망각할 것이라는 우려 때문이다. 아즈마는 이 사고를 기억하기 위해 "후쿠시마 제1원전 근처에서 아이폰을 켜서 보면' 특수 기술로 '폭발의 모습이 재현되고 뭉게뭉게 연기가 피어오르'며 (…) 그래서 그곳에 온 젊은이들이 '정말 죽이는데!'라며 감탄할 만한 관광시설"이라도 만들어야 한다고 질타했다.

이 사례를 자신의 책 『우리의 민주주의거든』에서 소개한 소설가 다카하시 겐이치로는 "일본인은 '잊어버리기'의 달인이다. 전쟁이나 비참한 공해의 재앙도 일단 지나 버리면 일상생활 속에서 어느덧 잊고 만다."라고 한탄했다. 나는 다카하시의 말에 전적으로 동의하진 않는다. 일본인이 재앙을 망각하지 않는다는 뜻에서가 아니라, 인류는 모두 망각이라는 비슷한 습성을 지니고 있다는 의미에서다.

인간의 뇌는 매우 낙관적이다. 인간은 낙관하기에 모험을 한다. 숱한 실패를 겪고도 '다음에는 반드시 성공할 거야.'라고 믿는다. 이런 낙관주의 덕에 인류는 도전과 성취를 계속하고(물론 실패는 그보다 훨씬 많이 했지만) 역사의 진보를 만들어 낼 수 있었다. 캐나다 출신의 미국 인류학자 라이어널 타이거Lionel Tiger가 "인간이 진화할 수 있었던 이유는 낙관적인 환상 덕분"이라고 단언한 까닭도 그와 같다.

그렇다면 인간의 뇌가 낙관주의를 유지하기 위해 피해야 할 가장 큰 적은 무엇일까? 바로 '실패의 기억'이다. 고통스러운 실패의 기억이 강렬하게 남은 사람은 절대로 낙관주의자가 될 수 없다. 예를 들어 한 부족이 사냥을 시도했다가 실패하여 부족원들만 잔뜩 잃었다고 상상해 보자. 이렇게 실패한 기억이 뇌리에 강하게 남으면 그 부족은 두려움 때문에 절대 사냥에 재도전하지 못한다.

이를 피하기 위해 뇌는 새로운 방법을 찾는다. 실패의 기억, 혹은 아픈 기억을 잽싸게 제거해 버리는 것이다. 그와 관련해 인지신경과학자이자 유니버시티칼리지런던UCL의 실험심리학 교수인 탈리 샤롯Tali Sharot은 "인류는 살아남기 위해 망각이라는 기법을 사용한다"고 주장했다. 뇌가 나쁜 기억을 빨리 잊어버리려 하는 근본적 이유가 바로 여기에 있다.

_____ 잊어선 안 될 사고들

이런 습성 탓에 일본인은, 아니 인류는 원전 참사의 아픈 기억을 자꾸 잊으려고 한다. 많은 사람이 당시의 사고를 두고 "맞아, 그런 일이 있었지." 정도로 가볍게 넘긴다. 하지만 체르노빌과 후쿠시마의 원전 사고는 절대 그렇게 잊을 일이 아니다. 독자 여러분에게 놀라운 사실 하나를 알려 드리겠다.

체르노빌 원전 사고는 무려 38년 전에 벌어졌다. 그렇다면 지금은 이 사고를 다 수습했을까? 원전 사고가 무서운 까닭은 방사성물질이 끊임없이 유출되기 때문이다. 방사성물질은 인간에게 매우 치명적인 영향을 미친다. 사고 직후 인류는 방사성물질 유출 문제를 어떻게 해결했을까? 냉정히 말해 문제를 해결한 게 아니라 그냥 '덮어' 버렸다. 비유가 아니다. 인류는 방사성물질 유출을 막겠답시고 폭발이 일어난 원자로를 거대한 콘크리트 구조물로 덮어 버렸다.

그 공사엔 무려 80만 명가량이 동원됐다. 이토록 많은 인원이 동원된 이유는 방사성물질이 워낙 위험한 탓에 노동자가 현장에 몇 초 이상 머무를 수 없었기 때문이다. 부디 자세히 읽어 주길 바란다. '몇 시간' 혹은 '몇 분'이 아니라 '몇 초' 이상 머무를 수 없었다. 그만큼 방사성물질은 위험하다. 이 당시 현장에서는 말 그대로 초 단위로 노동자들을 교대시켰다. 하지만 이런 노력에도 불구하고 공사에 참여한 노동자 가운데 상당수가 방사성물질에 노출돼, 젊은 나이에 목숨을 잃거나 병에 걸렸다.

게다가 이 콘크리트 구조물에는 30년이라는 유효기간이 있어서,

지난 2010년부터 방사성물질 유출을 막을 구조물을 새로 지어야 했다. 이 말은, 사고가 난 지 30년이 지나도록 인류는 방사성물질 유출 문제의 근본적 해법을 찾지 못했다는 뜻이다.

2016년에 완공된 두 번째 콘크리트 구조물의 수명은 100년이다. 이게 무슨 뜻일까? 앞으로 100년 안에 해법을 찾지 못하면 인류는 체르노빌 원전에 또다시 콘크리트를 덧입혀야 한다. 즉 인류는 문제를 해결한 게 아니라, 단지 100년이라는 시간을 번 것뿐이다. 그런데 만약 사고 현장에 지진이라도 난다면? 그래서 구조물이 무너진다면? 그것으로 끝이다. 콘크리트 구조물 안에 갇혀 있던 막대한 양의 방사성물질이 또 우크라이나 일대를 덮칠 것이고, 인류는 다시 한번 거대한 지옥을 맛보게 될 것이다. 이래도 원전 사고를 쉽게 잊을 수 있단 말인가?

───── 그들은 오로지 돈벌이만 신경 썼다

2011년 사고가 발생한 후쿠시마 제1원전은 도쿄전력이 소유·관리하던 발전소였다. 그리고 당시 도쿄전력은 공기업이 아닌 사기업이었다. 도쿄전력이 사기업이었다는 사실은 이 사건의 핵심을 파악하는 데 매우 중요하다. 왜냐하면 사기업이 최우선으로 삼는 목표는 오로지 이윤, 즉 '돈벌이'이기 때문이다.

우리나라에 전력을 공급하는 기업은 한국전력공사라는 공기업이다. 중앙정부나 지방자치단체가 소유·운영하는 공기업의 가장 중요한 설립 목적은 이윤이 아니라 공공복리다. 따라서 한전은 '돈 버는 것'을 최우선 가치로 두지 않는다.

반면에 사기업의 가장 중요한 목표는 앞서 말했듯 이윤이고, 따라서 공기업과 사기업이 원전을 운영하는 태도는 완전히 다를 수밖에 없다. 공공복리를 중시하는 공기업이 안전을 최우선 가치로 삼는다면, 돈벌이를 중시하는 사기업은 안전을 유지하는 데 드는 비용조차 아끼려 드는 것이다.

후쿠시마 제1원전 폭발 사고는 2011년 3월 11일 일본 동북부 태평양 연안에서 발생한 초대형 지진에서 비롯했다. 동일본 대지진 혹은 도호쿠東北 대지진으로 불리는 바로 그 재난이다.

원전이 주로 바다를 끼고 건설되는 까닭은 전력을 생산하는 데 냉각수가 필요하기 때문이다. 원전에선 우라늄 핵분열로 생긴 열을 이용해 물을 끓인 뒤, 이때 발생하는 증기로 터빈을 돌려 전기를 생산한다. 그 과정에서 발생하는 열이 매우 뜨거워 반드시 냉각수로 식혀줘야 한다. 뜨거운 냄비를 차가운 물을 받아 놓은 대야 안에 넣어 두면 빨리 식는 것과 같은 원리다.

문제는 핵발전을 통해 발생하는 열이 엄청나 이를 식히는 데 사용되는 물의 양 역시 어마어마하다는 데 있다. 크기에 따라 조금씩 다르지만, 원전 한 기에 쓰이는 냉각수의 양은 대개 1초당 50~60톤에 이른다. 이것이 주로 바닷가에 원전을 짓는 이유다.

그런데 2011년 일어난 대지진으로 높이 15미터에 이르는 거대한 쓰나미(지진해일)가 후쿠시마의 원전을 덮치고 말았다. 이 바람에 원전 일부가 물에 잠겨, 냉각수를 공급하는 펌프에 전력 공급이 중단됐

폭발로 완전히 파괴된 후쿠시마 제1원전 원자로 3호기의 모습.

다. 냉각수가 부족해지자 원전 내부가 뜨거워지기 시작했다. 원전이
용광로와 비슷해졌다고 할까? 결국 내부에서 폭발이 일어났고, 그로
인해 대량의 방사성물질이 누출됐다. 이게 바로 후쿠시마 원전 사고
의 요지다.

_____ **인류에게 지은 씻지 못할 죄**

사고를 수습하는 과정에서 도쿄전력은 오판을 거듭했다. 냉각수 펌
프 작동이 중지되었을 때, 열을 식히기 위해 바닷물을 직접 퍼부어서
라도 원자로를 식혔다면 문제가 해결됐을 것이다. 하지만 사기업이

던 도쿄전력은 그렇게 하지 않았다. 정제된 냉각수가 아닌 소금기를 머금은 바닷물을 그대로 원자로에 쏟아부을 경우 그 원자로는 더 이상 사용할 수 없어 폐기해야 하기 때문이다. 결국 이 돈을 아끼려다 방사성물질이 유출되는 대참사가 벌어졌다.

도쿄전력이 지은 죄는 그뿐만이 아니다. 발전소 노동자 대부분이 사고 당일에 퇴근해 버린 것도 참사를 키운 중요한 원인으로 지적된다. 지진 직후 도쿄전력은 현장 노동자들에게 "퇴근할지 말지는 현장에서 알아서 판단하라"는 무책임하기 짝이 없는 지시를 내렸고, 이 지시를 받은 현장 노동자들 대개가 퇴근해 버렸다. 여기서 중요한 점은, 그 노동자들 대다수가 도쿄전력 본사 소속이 아니라 외부 업체에서 파견 나온 저임금 노동자였다는 사실이다. 이 또한 도쿄전력이 비용을 아끼려고 부린 교묘한 수법이었다.

사고의 총책임자인 도쿄전력 사장 시미즈 마사타카의 무책임한 태도 역시 전 세계의 분노를 자아냈다. 시미즈는 사고가 발생하고부터 29시간 뒤인 2011년 3월 13일에 단 한 차례 기자회견을 하곤 잠적해 버렸다. 노동자 300여 명이 현장에서 냉각 정상화를 위해 사투를 벌이는 동안에도 시미즈는 현장에 나타나지 않았다. 그가 후쿠시마를 찾은 때는 참사가 발생하고 무려 한 달 뒤인 4월 11일이었다. 시미즈는 사고 3년 전인 2008년에 도쿄전력 사장으로 취임한 인물로, 그의 별명은 '비용 감축의 귀재'였다. 오로지 이윤만을 추구하는 사기업 도쿄전력에 가장 적합한 경영자였던 셈이다.

이 밖에도 도쿄전력이 저지른 오류는 일일이 나열하기 불가능할 만큼 많다. 결국 사고 이후 도쿄전력은 회생할 수 없는 손실을 보았

사고 이후 한 달 만에 처음으로 후쿠시마를 방문한 도쿄전력 시미즈 마사타카 사장.

고, 이듬해 정부로부터 공적 자금을 지원받아 사고 수습 비용을 마련
하며 중앙정부 소유의 공기업으로 변신했다.

체르노빌 사고가 남긴 교훈은 '인류 역사에 원전 사고는 결코 다
시 일어나선 안 된다'는 것이었다. 그러나 도쿄전력은 알량한 돈벌이
를 위해 끔찍한 사고를 반복하고 말았다. 사고가 발생한 지 십수 년
이 지났고 사람들은 후쿠시마 참사를 점차 잊어 간다. 하지만 도쿄전
력이 지은 이 끔찍한 죄는 결코 잊어선 안 된다. 아무리 인류의 뇌에
아픈 기억을 지우려는 본능이 있다 해도, 이 일만큼은 반드시 기억해
야 한다.

"몬산토는 세계에서
가장 악명 높은 기업 중
하나로, 살충제와 GMO의
위험성에 관한 시위에
끊임없이 소환된다."

_《워싱턴포스트》

Chapter 3

죽음을
생산하는 기업

몬산토

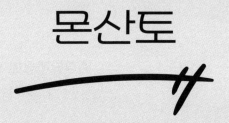

MONSANTO

소재지: 미국 미주리
창립: 1901년
해체: 2018년
분야: 농업, 생화학

——— 베트남전쟁에 뛰어든 미국

1964년 8월 2일과 4일, 북베트남과 남베트남의 내전(베트남전쟁)이 한 창이던 베트남 해역에서 북베트남 어뢰정이 두 차례에 걸쳐 미국의 구축함 매덕스호와 터너조이호를 공격해 양측 함대 사이에 교전이 벌어졌다. 세계사에 '통킹만 사건Gulf of Tonkin incident'으로 기록된 바로 그 사건이다.

이 당시 소련과 함께 세계를 양분한 최강국이자, 자유주의 진영의 '맏형'을 자임하던 미국이 이를 가만히 두고 볼 리 없었다. 사흘 뒤인 8월 7일, 미국 연방의회는 베트남전쟁에 관련한 그 어떤 결정도 의회 동의 없이 내릴 수 있도록 대통령에게 모든 권한을 위임했다. 이는 사실상 북베트남에 전쟁을 선포한 행위로, 미국이 통킹만 사건을 계 기로 베트남전쟁에 뛰어든 것이다. 그리고 잘 알려졌다시피 베트남 전쟁은 현대사가 시작된 이후 미국이 처음 패배한 전쟁으로 기록에 남았다.

베트남전 당시 작전을 수행 중인 미국 군인들의 모습.

　베트남전쟁은 1955년 발발했다. 남북한과 비슷하게 베트남도 북쪽을 공산주의 진영이, 남쪽을 자유주의 진영이 각각 지배했다. 그러다 1964년 미국이 참전하면서 이 전쟁은 내전에서 국제전으로 확대됐다. 미국의 요청으로 우리나라 군인들도 참전했다. 한국은 베트남전쟁에 미국 다음으로 많은 수의 병력을 파견한 나라로, 무려 30만 명이 넘는 한국군이 베트남 전선에서 싸웠다.

　여기까지가 일반적으로 알려진 역사다. 그런데 시간이 흐르며 이 역사 뒤에 숨은 엄청난 반전이 드러나기 시작했다. 1971년 6월 13일 미국의 유력 일간지 《뉴욕타임스》가 당시 미국 국방부(펜타곤)의 1급 기밀문서인 일명 '펜타곤 문서Pentagon Papers'를 입수하여 그 내용을 보도했는데, 충격적이게도 이 보고서엔 "미국이 베트남전쟁에 개입하기 위해 통킹만 사건을 조작했다."라는 내용이 담겨 있었다. (더 정확히는 "1964년 8월 4일 북베트남의 2차 공격 자체가 존재하지 않았다." 펜타곤 측은 해당 보도 내용을 강력히 부인했지만 '미국이 전쟁을 조작했다'는 의혹은 이후로도 끊이질 않았다.

그러다가 베트남전쟁 당시 미국 국방부 장관이던 로버트 맥너마라Robert S. McNamara가 1995년에 『회고: 베트남의 비극과 교훈In Retrospect: The Tragedy and Lessons of Vietnam』을 발간하면서 진상은 더욱 분명해졌다. 이 책에서 맥너마라는 "베트남전쟁은 미국의 자작극이었다."라고 시인했다.

베트남 정부에 따르면, 베트남전쟁 사망자는 민간인을 포함해 300만 명에 이르는 것으로 추정된다. 피해 규모만 보더라도 베트남전쟁은 현대사의 가장 비극적인 사건 가운데 하나였다는 이야기다. 이 전쟁으로 5,000명 이상의 한국군도 소중한 목숨을 잃었다. 미군 사망자도 5만 명이 넘는다. 이런 엄청난 전쟁이 미국의 자작극을 계기로 확대된 것이다.

이 사실은 무엇을 뜻할까? 베트남전쟁의 피해가 그만큼 커질 줄 미국은 몰랐다는 것이다. 진정 베트남전쟁이 이렇게 힘들 줄 알았다면, 미국은 자작극까지 벌여 가며 뛰어들지 않았을 테다. 그 당시 미국은 일단 참전하면 단 몇 달 안에 전쟁을 끝낼 수 있으리라고 확신했다. 동남아시아의 작은 국가 베트남, 그들이 당시 세계 최강국 미국을 상대로 무엇을 할 수 있었단 말인가?

막상 전쟁에 돌입하자 미국은 상상을 초월하는 저항에 부닥쳤다. 무엇보다 미국을 괴롭힌 것은 북베트남 게릴라였다. 게릴라란 '비정규 부대'를 뜻한다. 우리말로는 '유격대'라고 종종 번역되는데, 6·25전쟁 당시 남한 산악 곳곳을 점령한 채 남한 정부군에게 저항했던 공산 게릴라(빨치산)의 명칭이 '조선인민유격대'였다.

정규군과 달리 게릴라는 대개 군복도 입지 않는다. 전투 방식 또한 정규군과 아예 다르다. 이들이 벌이는 전투의 기본은 '치고 빠지기'다. 은신하기 좋은 산악 지형을 이용해 어디에든 숨어 있다가 기회를 노려서 번개처럼 상대를 기습한 뒤, 바람처럼 사라진다. 정규군 간에 벌어지는, 대포 쏘고 탱크로 미는 식의 전투는 하지 않는다는 이야기다.

미군은 베트남에서 이 게릴라들에게 혹독히 당했다. 왜냐하면 베트남은 게릴라전을 벌이기에 최적의 지형을 갖추고 있었기 때문이다. 끝없이 펼쳐진 열대우림 정글, 빽빽한 나무와 무성한 풀. 게릴라들이 몸을 숨기기에 그보다 적합한 땅이 또 있었을까?

베트남에 상륙한 미국 정규군은 정글에 몸을 감춘 뒤 번개처럼 기습을 거듭하는 게릴라들에게 그야말로 속수무책이었다. 미군이 자랑하는 강력한 폭탄도 무용지물이었다. 상대가 어디에 있는지 대강이라도 알아야 폭격할 것 아닌가?

이 문제를 해결하기 위해 미군이 꺼내 든 비장의 카드가 바로 '고엽제枯葉劑'다. 고엽제란 말 그대로 풀과 나무의 이파리를 시들게 하는 약품으로, 이걸 뿌리면 울창한 베트남의 밀림도 모조리 말라 버린다. 밀림에 숨어 게릴라전을 펼치던 북베트남군을 물리치기 위해 미군은 밀림의 씨를 말리는 전략을 수립한 것이다.

그때 미군이 베트남 곳곳에 뿌린 대표적인 고엽제가 '에이전트오렌지Agent Orange'다. 당시 미군은 항공기로 주요 작전지에 고엽제를 뿌렸는데, 고엽제가 담긴 드럼통의 띠 색깔이 오렌지색이어서 이런 별칭이 붙었다. '에이전트화이트', '에이전트블루' 등도 사용됐지만, 베트남전쟁에 가장 많이 쓰인 고엽제는 단연 에이전트오렌지다. 그리고 이 죽음의 고엽제를 생산한 주요 기업이 바로 몬산토Monsanto다.

——— 강력한 제초제와 그것을 이겨 내는 작물

상식적으로 생각해 보자. 풀과 나무를 단번에 말라 죽도록 하는 약품이 다른 생물엔 무해할까? 생물을 죽이는 약품엔 반드시 독성 물질이 포함되게 마련이다. 당연히 에이전트오렌지에도 '다이옥신'이라는 독성 물질이 들어 있다. 환경호르몬의 하나이기도 한 다이옥신은 세계보건기구WHO 산하 국제암연구기관IARC이 지정한 '1군 발암물질'(인간에게 암을 일으키는 근거가 확실한 물질)이다.

이런 유독 물질을 베트남 곳곳에 뿌려 댔으니, 그 악영향이 어느 정도일지를 상상하기 어려울 지경이었다. 고엽제의 가장 무서운 부작용은 기형을 유발한다는 점이다. 베트남고엽제피해자협회VAVA의 집계에 따르면 실제로 베트남전 이후 고엽제 후유증을 앓은 베트남 국

베트남전쟁 당시 메콩강 유역에 '에이전트오렌지'를 살포하는 미군 헬기.

민이 300만 명을 넘어선다. 심지어 베트남 국민뿐 아니라, 미국을 도
와 베트남전쟁에 참여했던 한국군도 심각한 피해를 봤다.

그렇다면 궁금해진다. 몬산토는 왜 이런 이상한 물질을 만들었을
까? 전쟁을 위해서였을까? 그럴 리가! 몬산토는 전쟁 무기를 만드는
기업이 아니다. 살충제·화학비료 등 농업에 필요한 화학제품을 개발
하고 곡물의 품종개량에 나서는 전형적인 농업 기업이다. 이런 농업
기업이 왜 전쟁 무기로 사용되는 독성 물질을 만든 것일까?

몬산토의 에이전트오렌지는 원래 제초제^{除草劑}, 즉 풀을 제거하는

약품이다. 농사 짓는데 왜 풀을 제거해야 할까? 어떤 땅에서건 잡초가 자라나기 때문이다. 예를 들어 쌀을 재배하는데 논에 잡초가 그득히 나 있으면 토양의 영양분을 잡초가 다 흡수해 버린다. 그래서 쌀을 잘 자라게 하려면 잡초를 제때 제거해야 한다.

농사일의 상당 부분을 이 제초 작업이 차지한다. 농부들이 끊임없이 잡초를 뽑거나 낫으로 베는 작업, 이것이 바로 '김매기'라고 불리는 제초 작업이다. 그런데 잡초란 원래 생명력이 어마어마하다. 아스팔트나 보도블록 사이를 비집고도 자라나는 게 잡초 아닌가? 그래서 김매기는 해도 해도 끝이 안 보이는 고된 일이다.

이 작업을 편하게 하려는 용도로 제초제가 발명됐다. 약을 뿌리면 잡초가 시들기에 김매기가 한결 빨라진다. 하지만 언뜻 생각해 봐도 이 과정이 아무런 대가 없이 이뤄질 수는 없다. 논에서 자라는 벼도 식물이다. 어떻게 약품이 잡초만 죽이고 벼에는 나쁜 영향을 안 미친단 말인가? 또 농부들은 어떻게 그 독성으로부터 안전하단 말인가? 이것이 '에이전트오렌지를 비롯해 몬산토가 만든 수많은 제초 화학약품이 농민의 건강에 심각한 악영향을 미친다'는 문제 제기가 오래전부터 끊이지 않은 이유다.

—— '몬산토'라는 이름은 사라졌지만

몬산토가 개발한 제초제 가운데 가장 유명한 제품은 '라운드업Round-up'이다. 에이전트오렌지의 안전성을 향한 비판의 목소리가 높아지고

몬산토가 출시한 제초제 '라운드업'.

고엽제 사용이 법으로 금지되자, 1974년 몬산토가 '친환경 제초제'를 표방하며 내놓은 제품이다. 지금도 전 세계적으로 가장 많이 사용되는 제초제 브랜드이기도 하다.

하지만 출시 당시 "친환경적으로 잡초만 골라 죽인다."라는 몬산토의 말을 곧이곧대로 믿는 사람은 아무도 없었다. 그래서 1990년대 중반까지는 라운드업이 인기 있는 제품이긴 해도 지금처럼 무차별적으로 사용되진 않았다. 무분별하게 뿌려 대면 농작물에도 악영향을 미칠 게 빤했기 때문이다.

그런데 이때 몬산토가 새로운 전략을 들고나왔다. 곡물 품종개량에 박차를 가하던 몬산토가 '라운드업에 특화된 새로운 종자를 개발했다'고 발표한 것이다. 기존의 종자로 농사지으면 농작물이 라운드업에 속수무책이지만, 몬산토가 개발한 유전자 변형 종자를 사용하면 작물이 피해를 안 본다는 말이었다. 다시 말해 몬산토의 유전자 변형 종자에 라운드업을 쓰면 모든 문제가 해결된다는 것! 이렇게 만들어지는 농작물이 바로 '유전자 변형 식품Genetically Modified Organism, GMO'이다.

그렇다면 문제는 간단해진다. 'GMO는 과연 안전한가? 또한 유전자 변형으로 작물 수확이 수월해졌다고 해서 라운드업 같은 제초제를 안전하다고 할 수 있나?' 이 두 질문에 대한 희망적인 답만 있으면 된다. 하지만 슬프게도 지금까지 이 문제의 답은 긍정적이지 않다. GMO의 안전성에 관해선 아직도 거센 논쟁이 벌어지고 있다. 안전하다는 보장이 그 어디에도 없다는 이야기다.

라운드업을 비롯한 제초제는 어떤가? 라운드업이 대량으로 살포된 미국과 남아메리카, 인도 등의 대단위 농경지에서는 피부·호흡기·갑상샘 질환 같은 각종 질병과 부작용에 대한 보고가 끊이질 않는다. 라운드업을 사용한 뒤 건강에 이상을 느낀 수천 명의 미국 농민은 이에 관한 소송을 지금도 진행 중이다. 몬산토 제품이 끼치는 악영향을 쉼 없이 폭로해 온 프랑스 언론인 마리 모니크 로뱅Marie-Monique Robin이 2008년 발간한 저서의 한국어판 제목이 '몬산토: 죽음을 생산하는 기업'인 이유가 여기에 있다.

2018년 6월, 몬산토는 독일의 화학·제약 기업 '바이엘Bayer'에 인수됐다. 이때부터 '몬산토'라는 이름은 시장에서 사라졌다. 그러나 몬산토가 만든 라운드업과 유전자 변형 종자들은 여전히 바이엘의 이름으로 전 세계에 팔리고 있다. 에이전트오렌지로 베트남을 초토화하

고, 이후 유해한 제초제로 수많은 농민의 건강을 해친 몬산토. 이름은
사라졌을지언정 그 유령은 아직 전 세계를 배회하고 있는 셈이다.

"(BP의) 원유 유출은
포괄적인 부주의와
고의적인 위법 행위의 결과"

_칼 바비어, 미국 연방 판사

멕시코만 일대를
검게 물들이다

**BRITISH
PETROLEUM**

소재지: 영국 런던
창립: 1909년
분야: 석유

———— 물과 기름이 만든 시커먼 재앙

'물과 기름은 섞이지 않는다.' 누구나 아는 명제다. 이 당연한 명제는 때론 씻기 어려운 재앙의 모습으로 인류에게 다가오기도 한다. 예를 들면 이런 것이다.

1990년 8월, 이라크의 제5대 대통령 사담 후세인Saddam Hussein이 쿠웨이트를 침공하자 미국은 이듬해 1월 이라크를 공격하며 보복에 나섰다. 이른바 '걸프전'의 발발이었다. '사막의 폭풍'이라고 이름 붙은 미국의 공격은 전쟁사 최초로 CNN이 전투 상황을 생중계하는 가운데 이라크 곳곳을 초토화했다. 그 결과 미군을 주축으로 한 연합군은 단 292명만이 전사했으나 이라크군 사망자는 최소 2만 5,000명에서 최대 5만 명에 이르는 것으로 추정됐다. 또한 이라크 측 부상자는 7만 5,000명이 넘었으며, 약 8만 명이 포로로 잡혔다. 탱크 3,300대가 파괴됐고, 19척의 함선이 침몰했으며 110대의 항공기가 격추됐다. 이라크가 그야말로 일방적인 수세에 몰린 전쟁이었다.

1991년 당시 불길에 휩싸인 쿠웨이트의 수많은 유정.

이 전쟁의 과정에서 돌이킬 수 없는 끔찍한 환경 참사가 벌어졌다. 1991년 1월 25일, 이라크가 페르시아만에 있는 쿠웨이트의 송유 시설을 폭격했기 때문이다. 그로 인해 100만 톤이 넘는 어마어마한 양의 석유가 바다로 유출됐다.

이라크는 미 해군의 진격을 막기 위해선 이러한 선택이 불가피했다고 주장했다. 하지만 이라크의 실제 의도는 세계에서 가장 많은 원유가 매장된 페르시아만 일대를 쑥대밭으로 만들어 국제 석유 시장의 질서를 완전히 무너뜨리는 것이었다. '석유 시장이 무너지면 국제 사회의 비난 여론이 이라크를 침공한 미국으로 향하리라'는 기대에 저지른 짓이었다는 이야기다.

망가져 버린 송유 시설에서 흘러나온 기름은 쿠웨이트에서 사우

디아라비아까지 이어진 450여 킬로미터의 해안선을 시커멓게 뒤덮었다. 게다가 페르시아만은 '만'^灣이라는 이름에 걸맞게 삼면이 육지로 둘러싸여, 기름이 그 일대 바다와 땅에 고일 수밖에 없었다.

앞서 말했듯 물과 기름은 섞이지 않는다. 즉 기름은 물에 용해되지 않는다는 말이다. 따라서 이런 식의 사고가 일어나면 해결 방법은 보통 하나다. 사고 발생 초기에 오일펜스 등을 설치해 오염된 해수가 더 퍼져 나가지 못하도록 가둔 뒤, 유흡착재 등을 사용하여 기름을 빨아들여야 한다. 하지만 전쟁 상황에서 이러한 초기 대처가 제대로 이뤄질 리 없었다.

그렇다면 그때 새어 나온 기름이 현재는 어떻게 됐을까? 놀랍게도 여태껏 사라지지 않은 채 환경에 악영향을 끼치고 있다. 2019년, 한국기초과학지원연구원 등 우리나라 연구진과 미국 캘리포니아대학교 리버사이드^{UCR}의 연구진은 기름 유출 사고가 일어났던 쿠웨이트 부르간 지역의 토양을 공동으로 조사했다. 그 결과 걸프전 당시 유출됐던 기름이 산화되어 독성을 지닌 오염 물질로 변한 사실이 확인됐다. 30년 전 찾아온 재앙의 상흔이 여전히 그곳을 떠도는 것이다.

───── 검게 물든 멕시코만 일대

2010년 4월 20일, 세계 5대 석유 업체 가운데 하나인 영국의 'BP^{British Petroleum}'가 멕시코만에서 석유를 채굴하고 있었다. 바다에서 이뤄지는 석유 채굴은 '시추선'이라는 거대한 배를 이용하는데, 시추선은 일

2010년 딥워터 호라이즌 폭발 사고 직후의 모습.

반적인 배와 조금 다른 특징을 지닌다. 보통의 배는 '이동'이 목적이
지만 시추선은 '정지'가 그 목적이다. 배가 바다 위에서 이리저리 떠
다니면 정확한 목표 지점에서 석유를 캘 수 없기 때문이다. 한곳에
정지한 시추선은 바닷속으로 긴 파이프를 내린다. 이 파이프가 심해
의 땅을 뚫고 석유가 묻힌 지점에 도달한다. 거기서 석유를 캐는 일
이 바로 시추선의 역할이다.

그 당시 BP가 이용하던 시추선의 이름은 '딥워터 호라이즌Deepwater
Horizon'이었다(우리나라의 현대중공업이 제작한 시추선이다). 이 배가 어느
날 멕시코만에서 원유를 채굴하던 중에 폭발하고 말았다. 폭발 규모
가 꽤 컸기에 딥워터 호라이즌은 결국 침몰했고, 어마어마한 양의 원
유가 그 일대를 덮쳤다. 이 사건이 바로 역사상 최악의 환경오염 사

례 가운데 하나로 기록된 '멕시코만 기름 유출 사고' 혹은 '딥워터 호라이즌 폭발 사고'다.

보통 유조선이 침몰하면 배에 실은 막대한 양의 기름이 새어 나온다. 물론 이것만 해도 끔찍한 사고다. 하지만 딥워터 호라이즌 사태에서는 유조선이 아니라 원유를 채굴하던 시추선이 폭발했다는 게 가장 큰 문제였다. 원유를 끌어 올리던 파이프는 옆으로 쓰러졌고, 바다 깊은 곳에서부터 뿜어 나온 원유가 부러진 파이프를 타고 끊임없이 멕시코만으로 흘러들었다.

이때 유출된 기름의 양이 무려 약 7억 7,800만 리터였다. 2리터짜리 생수 3억 4,000만 병 분량의 기름으로 뒤덮인 멕시코만 일대는 그야말로 '검은 지옥'이었다. 시커멓게 변해 버린 바다의 범위가 우리나라 국토 크기의 절반을 넘어섰으니 말이다.

_____ 대형 사고는 갑자기 찾아오지 않는다

통계학엔 '하인리히 법칙'이라 불리는 이론이 있다. 1931년 미국의 산업 안전 전문가인 허버트 윌리엄 하인리히Herbert William Heinrich가 『산업재해 예방: 과학적 접근Industrial Accident Prevention: A Scientific Approach』에서 정립한 산업재해 발생에 관한 법칙이다.

하인리히가 산업재해 사례 7만 5,000건을 조사한 결과 노동 현장에서 1건의 사망 사고가 생기기까지 그것의 수십 배에 이르는 '부상 사고'와 수백 배에 달하는 사고 징후, 즉 '다칠 뻔한 사고'가 선행했다.

1명의 노동자가 사고로 목숨을 잃기까지 평균 29명의 노동자가 다쳤고, 평균 300명의 노동자가 '다칠 뻔'했다는 말이다. 하인리히의 이 통계는 어느 곳에 적용해도 잘 들어맞았고, 그는 이를 통해 '1 : 29 : 300'이라는 비율을 만들어 냈다.

하인리히 법칙이 발표된 지 45년이 지난 1976년에는 미국의 저술가 프랭크 버드Frank E. Bird가 하인리히 법칙을 보완하여 새로운 통계를 발표했다. 이를 '버드의 법칙'이라고 부른다.

하인리히는 사고를 분석할 때 노동자의 사망 사고와 부상 사고, 사고 징후만을 조사 대상으로 삼았지만 버드는 여기에 '아차 사고near miss'(실제 사고로 이어지진 않았으나 위험했던 순간)라는 개념을 추가했다. 그리고 사망 사고와 부상 사고, 물적 손실을 불러온 사고, 아차 사고의 통계적 비율을 '1 : 10 : 30 : 600'이라는 숫자로 도출해 냈다.

숫자가 조금 바뀌었어도 하인리히와 버드가 이야기하려는 바는 같다. 사망 사고 같은 대형 사고는 어느 날 갑자기 일어나지 않으며, 그전에 이미 수많은 징후가 나타난다는 게 두 법칙의 핵심이다.

_____ **폭발 이전의 수많은 조짐**

딥워터 호라이즌도 마찬가지였다. 멕시코만에서 폭발 사고가 있기 전부터 이 시추선에는 크고 작은 사고가 빈번했다. 특히 화재가 자주 발생했으며, 플랫폼에서 시추 파이프가 빠져나가는 바람에 노동자들이 대피하는 일도 종종 벌어졌다. 또 시추선에는 시추 파이프에 문제가 생겼을 때 자동으로 밸브를 잠가 기름의 누출을 막는 장치가 있는데, 이 역시 수차례 말썽을 일으켰다.

이 모든 위험 징후에도 불구하고 BP는 시추를 지속했다. 미국 CBS 시사 프로그램 〈60 Minutes〉의 보도에 따르면, BP 소속의 관리자는 석유 생산 작업이 늦어짐으로써 발생하는 금액적 손해에만 집중하며 시추를 강행토록 지시했다.

게다가 시추 장비의 비정상적인 작동을 의미하는 경고 표시를 확인하고도 BP는 작업을 멈추지 않았다. 잦은 고장을 일으키던 화재 예방 시스템은 사고 당시에도 작동하지 않았으며, 결국 거대한 폭발이 일어나 열한 명의 노동자가 목숨을 잃게 되었다. 나중에 밝혀진 사실이지만 시추선의 밸브와 베터리도 각각 하나씩 고장이 난 상태였다. 종합하자면 딥워터 호라이즌의 폭발 사고는 작업 과정에서 수많은 잔고장을 무시하고 효율성만을 강조하다가 벌어진 인재人災였다는 이야기다.

BP는 '제조업의 붕괴'라는 수식어가 따라붙는 영국이 내세울 만한 몇 안 되는 대형 제조 기업 가운데 하나다. 세계 2위의 석유 회사이자 로열더치쉘Royal Dutch Shell, 셰브론Chevron, 엑손모빌Exxon Mobil, 토털에너지스Total Energies 등과 함께 '빅 오일Big Oil'로 불리는 세계적 기업이기도 하다. BP가 이렇게 덩치를 불릴 수 있던 이유는 과감한 인수합병 덕이다. BP는 1990년대 후반부터 어마어마한 금액을 투자해 대형 석유 회사들을 인수하며 빅 오일의 반열에 올라섰다.

하지만 BP는 기업의 성장 과정에서 '안전'에 지나치게 소홀했다. 다른 회사를 인수하려면 우선 그 회사의 안전 관리 체계가 어떻게 구성됐는지 파악하고, BP가 따르는 체계와 통일성이 있는지를 점검해야 했을 테다.

덩치 불리기에 혈안이 된 BP는 안전 관리 체계를 확인하는 일 따위 저 멀리 내던져 버리고 '안전은 각자 알아서 챙겨라.'라는 식으로 방관하는 태도를 보였다. 그들은 아마 자잘한 실수가 이렇게나 큰 사고로 이어질 수 있다는 사실을 몰랐을 것이다. 하지만 하인리히 법칙이 말해 주듯 대형 사고는 수많은 작은 실수가 쌓여서 발생한다. BP의 안전 불감증은 결국 인류 역사상 최악의 환경 재해를 불러오며 비극으로 마무리됐다.

"어디에 살든,
그들을 피할 수 없다."

_《가디언》

Chapter 5

가장 처참한 죽음을
불러오는 자들

4대 곡물 메이저 기업

THE ABCD
GRAIN MAJORS

아처대니얼스미들랜드: 미국 일리노이, 1902~
벙기: 미국 미주리, 1818~
카길: 미국 미네소타, 1865~
루이드레퓌스: 네덜란드 로테르담, 1851~

——— 지구에는 사악한 악마가 산다

식량문제는 인류의 영원한 숙제다. 인류는 언제나 굶주림의 위협에 맞서야 했고, 식량 부족의 위협에 수많은 사람이 목숨을 잃었다. 1845~1849년 아일랜드의 감자 농사가 망하면서 200만 명이 사망했고, 1876~1878년에는 중국 화북 지역의 가뭄으로 1,000만 명이 사망했다. 1943년에는 인도 벵골에 기근이 닥쳐 700만 명이 사망했다. 1984년 아프리카의 에티오피아에도 대기근이 몰아닥쳐 100만 명이 사망하는 사태가 벌어졌다.

20세기 후반부터 인구가 증가하는 속도는 눈에 띄게 줄었고 식량 생산량도 안정적으로 유지됐지만, 여전히 세계 곳곳에서 사람들이 굶어 죽는다. 식량 생산이 안정적인데 왜 굶어 죽는 사람이 존재하는가? 이는 식량이 부족해서가 아니라, 굶주린 사람들에게 식량이 골고루 분배되지 않은 탓이다.

비슷한 이야기를 하나 더 해 보자. 세계를 지배하는 사악한 악마

2024년 2월, 이스라엘-하마스 전쟁으로 기아에 시달리고 있는 가자 지구의 주민들.
식량문제는 옛이야기가 아니다.

가 있다. 이 악마는 스산한 광기를 내뿜으며 사람들을 공격한다. 심지어 열 살도 채 안 된 어린이들을 중심으로 말이다. 악마가 휩쓸고 간 자리에는 시체들이 널브러진다. 아직 자신의 꿈을 피워 보지도 못한 어린이들이 악마의 공격을 받고 쓰러진다. 이 잔인한 악마는 5초마다 어린이 한 명의 목숨을 앗아 간다. 여러분이 이 글을 읽는 동안 5초가 지났다면 조금 전, 또 한 명의 소중한 어린이가 악마에게 목숨을 잃었다는 뜻이다. 이 악마의 이름은 '영양실조'다.

영양실조는 순전히 '먹지 못해' 생기는 병이다. 비교적 풍족한 환경에서 사는 이들은 쉽게 상상하기 어렵겠지만, 단지 먹을 것이 없다는 이유로 이 몹쓸 병에 걸린 사람은 전 세계에 약 8억 5,000만 명이나 있다. 숫자를 잘 봐 주기를 바란다. 85명이 아니다. 850명이나 8,500명도 아니다. 인류의 10퍼센트에 이르는 숫자, 무려 8억 5,000만 명이다. 그리고 이 영양실조 탓에 열 살도 안 된 어린이들이 5초에 한 명씩 죽는다. 교통사고로 죽는 것도, 암에 걸려 죽는 것도 아니다. 오직 먹을 게 없어서 굶어 죽는 것이다.

사람이 굶어 죽는 모습을 상상해 본 적이 있는가? 아주 천천히 진행되는, 가장 고통스럽고 처참한 죽음이다. 먹기만 하면 살 수 있는데도 그 간단한 해결책이 없어서 사람이 죽어 간다.

_____ 애그플레이션을 주도하는 자

'애그플레이션^{agflation}'이라는 단어가 있다. 애그플레이션은 농업을 뜻하는 '애그리컬처^{agriculture}'와 물가 상승을 의미하는 '인플레이션^{inflation}'이라는 두 영어 단어가 합쳐진 말이다. 그러니까 애그플레이션은 '농산물의 가격 급등' 혹은 '농산물 가격이 상승해 물가가 전체적으로 오르는 현상'을 뜻한다.

물가가 오르는 데는 여러 가지 이유가 있지만, 대개 물건을 사겠다는 사람은 많은데(수요 증가) 판매할 물건이 부족할 때(공급 부족) 이런 현상이 생긴다. 그렇다면 애그플레이션이 왜 일어나는지도 짐작할 수 있다. 곡물을 사려는 사람은 많은데 농산물의 공급량이 부족해서 가격이 급등했을 가능성이 크다는 이야기다.

과연 이것이 사실일까? 20세기 이후 애그플레이션이 가장 심했던 때는 2008년이었다. 역사는 이 시기를 '세계 곡물 파동'이라는 이름으로 기록한다. 그 당시 1년 만에 옥수수는 31퍼센트, 쌀은 74퍼센트, 대두는 87퍼센트, 밀은 130퍼센트나 가격이 올랐다. 혹시 2008년에도 기록적인 대흉년으로 곡물 공급량이 급감했거나, 인구의 급격한 증가로 곡물 수요가 급증했을까?

천만의 말씀이다. 2008년에는 기록적인 흉년도, 갑작스러운 인구 증가도 없었다. 경제학자들은 고작해야 "인도와 중국의 경제가 발전해서 중산층이 늘어나 곡물 수요가 급증했다."라는 분석만 내놓았다. 실로 '웃기는 소리'다. 인도와 중국의 중산층이 2008년에만 급증했다는 게 말이 되나? 본질을 비껴가니 이런 코미디 같은 분석이 나온다.

심지어 유엔 식량농업기구FAO의 2011년 조사에 따르면, 1년 동안 전 세계에서 약 13억 톤의 멀쩡한 식량이 버려지고 있다. 그 말인즉, 지구에는 식량이 남아돈다는 뜻이다. 그런데도 2008년 애그플레이션이 발생했고, 이 때문에 방글라데시와 부르키나파소, 카메룬 등에서 굶주린 국민이 폭동을 일으키는 사태까지 벌어졌다. 식량 부족에 시달린 이들의 주장은 한결같았다. "우리는 굶어 죽고 싶지 않다."

_____ 4대 곡물 메이저의 횡포

이런 사태가 벌어지는 이유는 간단하다. 사람의 입에 들어가야 할 식량이 다른 곳에 사용되기 때문이다. 식량을 생산하는 사람은 농민이지만, 그 식량을 팔아 돈을 버는 곳은 따로 있다. 바로 곡물만을 전문적으로 사고팔아 이익을 챙기는 '곡물 기업'이다.

세계적 규모의 곡물 기업이 네 군데 있다. 이들을 '4대 곡물 메이저'라고 부른다. 그 가운데 가장 큰 기업은 미국의 '카길Cargill'이다. 이한 곳에서 거래하는 곡물의 양이 세계 곡물 시장 전체 거래량의 40퍼센트를 차지한다. 또 미국의 '아처대니얼스미들랜드Archer Daniels Midland, ADM'와 '벙기Bunge', 프랑스의 '루이드레퓌스Louis Dreyfus Company, LDC'가 카길의 뒤를 잇는다.

사람들은 네 개 기업명의 주요 알파벳을 따서 'ABCD'라고 칭하기도 한다. 이 4대 곡물 메이저, ABCD가 곡물 시장 전체 거래량에서 차지하는 비율은 무려 80퍼센트에 가깝다. 지구에서 생산되는 식량 대부분이 이들 손안에서 거래된다고 말해도 과언이 아닌 셈이다.

4대 곡물 메이저는 식량을 얼마나 생산하고 어디에 판매할지도 결정한다. 그런데 이들은 굳이 '곡물을 충분히 생산하라'고 농민을 독려하지 않는다. 식량이 부족해서 곡물 가격이 오르면 자연스럽게 곡물을 파는 기업의 이익도 늘어나기 때문이다. 실제 곡물 파동으로 수많은 사람이 굶어 죽던 2008년, 카길의 1분기 순이익은 전년도 같은 기간보다 83퍼센트 증가했다.

식량이 부족한 데는 또 하나의 이유가 있다. 바로 곡물 메이저가 생산하는 곡물은 사람이 먹는 데만 쓰이지 않는다는 사실이다. 놀랍게도 2022년 기준, 지구에서 생산되는 곡물의 3분의 1을 사람이 아니라 소가 먹었다. 영양실조에 걸린 사람이 무려 8억 5,000만 명이나 있어도 말이다.

왜냐고? 옥수수 등의 곡식을 소에게 먹인 뒤 그 소고기로 햄버

미국 일리노이주, 카길의 한 거대한 곡물 저장고.

를 만들어 팔면 돈을 많이 벌 수 있지만, 옥수수를 아프리카 난민들에게 팔면 돈을 별로 못 벌기 때문이다. 맥도날드나 버거킹 같은 패스트푸드 회사는 아프리카 빈민보다 훨씬 더 비싼 가격에 옥수수를 구매할 능력이 있다. 4대 곡물 메이저의 돈벌이 탓에 실로 많은 사람이 굶어 죽는 것이다.

───── 식량난에 한몫하는 투기 자본

4대 곡물 메이저 기업 말고도 세계의 식량난을 부추기는 자들이 있다. 돈벌이에 눈이 먼 자본 세력이다. 앞서 우리는 버려지는 식량이

13억 톤이나 된다는 사실을 확인했다. 그럼에도 불구하고 2008년 애그플레이션이 발생한 근본적 이유는 바로 국제 금융자본 세력이 투기를 벌여 곡물 가격이 급등했기 때문이다.

이들은 곡물 기업에 투자한 다음 미친 듯이 곡물을 사들여 곡물의 가격을 인위적으로 올려놓았고, 4대 곡물 메이저는 그에 동참하거나 방관했다. 이 과정을 통해 투기 자본 세력과 곡물 기업은 막대한 수익을 거뒀다. 이게 2008년에 발생한 애그플레이션의 본질이다.

2007년부터 시작된 바이오 연료 열풍도 곡물 파동의 원인 가운데 하나였다. 옥수수에서 나오는 전분을 이용하면 에탄올이라는 물질을 만들 수 있다. 이 에탄올을 가공해 만든 연료는 화석연료보다 환경친화적이라는 주장이 제기됐고, 그때부터 수많은 자본가가 바이오 연료 개발을 위해 아프리카에서 옥수수를 재배하기 시작했다.

그렇게 재배된 옥수수는 공장으로 들어가서 자동차 연료로 탈바꿈했다. 사람은 굶어 죽는데 소와 자동차는 배가 부른 슬픈 현실이 벌어진 셈이다. 『왜 세계의 절반은 굶주리는가』의 저자인 스위스 사회학자 장 지글러Jean Ziegler는 이런 현실을 다음과 같이 설명했다.

> 스위스 로잔에 본사를 둔 다국적기업 아닥스바이오에너지Adax-Bioenergy는 최근 세계 최빈국인 시에라리온에서 2만 헥타르의 땅을 매입했다. 이 회사는 그 땅에 바이오에탄올 제조에 쓰이는 사탕수수를 심을 예정이다.
>
> 이 같은 약탈에 필요한 대금을 지원하는 세계은행이나 유럽투자은

행, 아프리카개발은행의 논리는 한마디로 사악하기 그지없다. 아프리카 농부들의 생산성이 너무도 낮으므로 그 땅을 가장 효과적으로 이용할 수 있는 '생산자들'에게 맡기는 편이 낫다는 것이다.

로잔에 근거지를 둔 약탈자들이 차지한 땅은 아프리카 농부들, 특히 벼농사를 짓는 수천 가구에게 삶의 터전이었다. (…)

아닥스사는 한껏 너그러움을 과시한다. 제한적인 수에 불과하겠지만 그래도 이들 농부의 자식들에게 일자리를 제공하겠다는 것이다. 이들이 약속한 급여는 일당 1만 레온, 다시 말해서 1.8유로에 불과하다.

『왜 세계의 절반은 굶주리는가』, 장 지글러 지음, 유영미 옮김,
갈라파고스, 2016, 22~23쪽

인간이 세상에 태어난 이상 적어도 굶어 죽는 일은 없어야 한다. 그런데 우리가 사는 이 지구에서는 4대 곡물 메이저와 일부 자본 세력의 횡포 탓에 수많은 이가 아사餓死의 고통에 시달리고 있다. 힘 있는 자들의 횡포를 막을 인류의 지혜가 필요한 때다.

"역사상 최악의
약물 과다 복용 사태"

_미국 질병통제예방센터

미국을 마약에
중독시킨 제약 회사

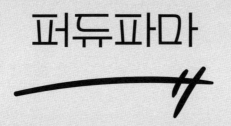

PURDUE
PHARMA

소재지: 미국 뉴욕
창립: 1892년
해체: 2021년
분야: 제약

——— 중독은 뇌의 문제다

의지력이라는 단어는 과학적으로 매우 복잡한 논쟁을 불러일으킨다. 논쟁의 주제는 과연 그런 것이 실재하기는 하는가, 실재한다면 어떻게 발현되는가라는 지점이다.

여전히 수많은 논쟁이 진행 중이지만 대략 지금까지의 논쟁 결과를 살펴보면 의지력은 의외로 정신적인 요인보다도 물질적인 요인에 훨씬 영향을 많이 받는다. 즉 배고픈 사람에게 "의지력으로 이겨 내!"라고 강요하는 것은 별 소용이 없다는 뜻이다.

왜냐하면 의지력은 결국 뇌의 작동에 관한 문제인데, 뇌가 의지력이라는 힘을 발휘하기 위해서는 포도당이 필요하기 때문이다. 그래서 허기진 상태에서 상대의 형편없는 언행을 칭찬하는 일은 매우 힘들다. 뇌가 관용을 베풀 정도의 에너지를 갖고 있지 않기 때문이다.

의지력과 비슷한 궤를 나타내는 자기 절제도 마찬가지다. 플로리다주립대학교 심리학과 로이 바우마이스터Roy Baumeister 교수는 인내

력과 자기 절제력을 연료fuel에 비유한다. 더 많이 사용할수록 더 빨리 바닥을 드러낸다는 것이다. 의지력이 단지 정신의 문제가 아니라 물질적인 문제에 더 가깝다고 말한 이유가 이것이다.

의지력이 말 그대로 뇌의 연료 문제라면 우리가 말하는 중독 증상에 대한 해법도 완전히 달라져야 한다. 주변에서 흔히 볼 수 있는 니코틴중독, 혹은 알코올중독 환자들에게 "의지력이 저렇게 부족해서야 원!" 하고 타박하는 것은 아무 소용이 없다. 이건 의지력의 문제가 아니라 뇌의 작동 문제이기 때문이다.

인간이 어떤 물질에 중독되는 이유는 무엇인가? 지금까지 나온 가장 과학적인 설명은 중독이 뇌 속 쾌락 중추와 관련이 있다는 것이다. 1954년 캐나다 맥길대학교의 신경과학자 제임스 올즈James Olds와 피터 밀너Peter Milner는 쥐의 뇌 특정 부위에 전기를 연결한 뒤 자극을 지속적으로 주는 실험을 실시했다. 그런데 자극을 받은 쥐는 그 좋아하는 먹이도, 물 마시기도 거부한 채 오로지 전기 스위치를 끝도 없이 누르기를 반복했다. 수컷 쥐는 암컷과 교배할 기회도 걷어찼고, 암컷은 갓 태어난 새끼들도 무시한 채 전기 자극만을 추구했다.

이게 바로 쾌락 중추 때문이다. 뇌의 쾌락 중추가 자극되면 먹고, 마시고, 자고, 사랑을 나누는 등 우리가 일상적으로 누리는 행복이 모두 희미해진다. 오로지 쾌락 중추의 자극으로 느끼는 쾌락만을 추구하게 된다.

담배를 끊는 것이 어려운 이유가 바로 이것이다. 담배에는 니코틴이라는 물질이 포함돼 있다. 니코틴은 몸에 흡수되면 뇌의 쾌락 중추를 자극해 도파민이라는 신경전달물질을 분비시킨다. 도파민이 분비

되면 몸은 행복을 느낀다.

문제는 이 도파민의 중독성이 심하다는 데 있다. 니코틴에 자극된 쾌락 중추는 끊임없이 도파민을 분비하기를 원한다. 이 쾌락이 너무 강해 뇌가 다른 행복에는 둔감해지는 것이다. 밥은 굶어도 담배는 끊기 어렵다는 사람들이 종종 등장하는 이유다.

그나마 니코틴은 사회적 해악이 덜한 편이다. 흡연이 아직 합법인 이유이기도 하다. 하지만 마약에 이르면 이야기는 완전 달라진다. 한 번 마약에 자극을 받은 쾌락 중추는 마약 이외의 그 어떤 것에도 쉽게 행복을 느끼지 못한다. 한마디로 마약은 한 번이라도 적정량 이상을 손대는 순간 인간의 의지력을 완전히 붕괴시키고 복용자를 지옥으로 몰고 간다. 어떤 이유에서건 인간에게 적정량 이상의 마약을 절대 투약해서는 안 되는 이유다.

고통을 없애 주는 마약, 아편

2010년대 후반 세상을 떠들썩하게 만든 '오피오이드opioid 사태'가 있었다. 이 사태를 이해하기 위해서는 '오피오이드'가 무엇인지 정확히 이해할 필요가 있다. 여러분도 아편阿片이라 불리는 마약의 일종을 한 번쯤은 들어 봤을 테다. 아편은 덜 자란 양귀비의 꽃과 열매에서 추출한 즙액을 그대로 굳힌 것이다.

사실 아편이라는 단어를 구성하는 한자에는 별 의미가 없다. 서양 사회에서 아편은 원래 '오피움opium'이라고 불렸는데, 19세기 초반 이

오피움이 중국(청나라)에 전해지면서 중국인들이 최대한 비슷한 발음의 한자로 음차한 명칭이 바로 '아편'이다.

이런 오피움이 왜 아편이라는 한자 이름까지 얻게 되었냐면, 중국과의 무역에서 엄청난 적자를 보던 영국이 손해를 만회하겠답시고 중국에 아편을 수출했기 때문이다. 매우 비열한 방식이 아닐 수 없는데, 영국의 이 전략은 대성공을 거뒀다.

아편에 중독된 국민의 숫자가 기하급수적으로 늘어나자 중국은 영국과 전쟁을 벌이기에 이르렀다. 이 전쟁이 그 유명한 아편전쟁이다. 오랫동안 '세계의 중심은 우리'라는 중화사상에 물든 중국과, 막강한 해군력을 바탕으로 세계 곳곳을 침탈해 온 영국의 전쟁은 그야말로 동서양 최강국의 일전一戰이라 할 수 있었다. 하지만 두 차례에 걸친 아편전쟁은 허무할 정도로 싱겁게 막을 내렸다. 영국의 최신식 군함과 대포는 중국을 삽시간에 패배의 구렁텅이에 몰아넣었다. 전쟁은 영국의 승리로 돌아갔고 중국은 패전을 계기로 급격한 몰락의 길을 걸었다.

두 나라 사이에 전쟁까지 불러온 아편의 대표적 특징은 매우 강력한 진통 효과와 중독성이다. 서구 사회에서 고대부터 아편을 진통제로 사용은 했지만 널리 활용하진 않은 이유가 여기에 있다. 진통 효과가 워낙 강력한 탓에 지금도 아편 성분은 진통제로 사용되며, 이와 같은 진통제를 '오피오이드'라고 일컫는다. 전쟁 영화를 보면 심하게 다쳐서 죽기 직전인 군인에게 의무병이 '모르핀morphine'이라는 약물을 투여하는 장면이 종종 나오는데, 이 모르핀이 바로 양귀비에서 성분을 추출한 오피오이드 계열 진통제다. 하지만 중독성이 강하므로 당연히 남용해서는 안 된다. 의사의 엄격한 처방 아래 꼭 필요한 양만 투여해야 함은 물론이다.

—— 거침없이 팔려 나간 오피오이드

미국은 병원비가 비싼 나라로 유명하다. 국가가 시행하는 건강보험 시스템이 우리나라에 비해 심하게 뒤처지는 까닭이다. 요즘은 좀 나아진 편이지만 2010년대만 해도 미국에서 감기 한번 잘못 걸려 병원을 찾으면 병원비로 수십만 원이 깨지기 일쑤였다. 이래서 미국인들은 민간 의료보험을 많이 찾았다. 그런데 이 민간 의료보험은 보장하는 범위가 그다지 넓지 않다. 예를 들어 한 환자가 알 수 없는 이유로 만성 통증에 시달린다고 하자. 그 원인을 찾아 본질적으로 치료하려는 의사와 환자의 노력은 의료보험 대상이 아니다. 반면에 단순히 진통제를 처방하는 일은 의료보험 대상이 된다.

상황이 이렇다면 의사건 환자건 어떤 쪽을 더 선호하겠는가? 통증의 원인을 찾아 치료하기보다 그저 진통제를 몇 알 처방하고 그것을 복용하며 버티는 쪽을 더 원하지 않겠는가? 그게 환자에겐 압도적으로 싸게 먹히고, 의사에겐 훨씬 더 편한 길이기 때문이다. 게다가 만약 어떤 진통제가 '먹자마자 통증이 사라지는 신통한 효과'를 낸다면 어떻겠는가? 안 그래도 의료비가 비싼 나라에서 이런 약이 등장하면 의사도, 환자도 이를 선호할 수밖에 없다. 이게 바로 오피오이드 사태의 핵심이다.

오피오이드는 원래 WHO가 암 통증 관리 효과를 인정한 진통제다. 이 말은 '암처럼 심각한 병이 발병했을 때만 제한된 범위에서 처방할 수 있는 약'이라는 뜻이다. 그런데 1995년 '퍼듀파마Purdue Pharma'라는 미국의 제약 회사가 '옥시콘틴Oxycontin'이라는 오피오이드 계열의 진통제를 만들어 이를 암환자가 아닌 일반 만성 통증 환자에게도 판매하기 시작했다. 퍼듀파마는 옥시콘틴의 판매를 정부 당국으로부터 승인받기 위해 강력한 로비를 벌였다. 또 처방·판매 승인이 나자마자 의사와 병원 측에도 마케팅을 시행해 이 약의 처방을 늘려 갔다.

퍼듀파마가 맨 처음 노린 지역은 광업과 농업, 벌목업 등이 성행하는 시골 마을이었다. 이런 곳에서는 업종 성격상 노동자들의 부상이 잦다. 퍼듀파마의 마약성 진통제 옥시콘틴은 이런 지역에서 불티나게 팔려 나갔다. 크게 다친 노동자들은 통증을 삽시간에 가라앉히는 진통제에 열광했다. 시골 마을에서 엄청난 판매 성과를 확인한 퍼듀파마는 대도시에서의 판촉을 본격화했다. 퍼듀파마의 영업 사원들은 병원과 약국에 옥시콘틴 무료 샘플을 마구 뿌려 댔다. 퍼듀파마로부터 로비를 받은 의사들은 이 약을 암과 상관없는 단순 만성 통증 환자에게 대거 처방했다.

_____ 몰락한 퍼듀파마, 끝나지 않은 중독

하지만 마약이 왜 마약인가? 마약성 진통제 옥시콘틴의 가장 큰 문제점은 한두 번 옥시콘틴을 먹은 환자들이 끝없이 이 약을 더 찾게 만든다는 데 있었다. 마치 19세기 영국이 아편을 풀어 중국인들을 대거 중독에 몰아넣은 것처럼 퍼듀파마의 오피오이드는 미국을 삽시간에 '진통제 중독'에 몰아넣었다.

옥시콘틴에 중독된 환자들은 병원을 찾아 더 많은 약을 달라고 간청했다. 퍼듀파마로부터 로비를 받은 의사들은 별 죄책감 없이 약을 계속 처방했다. 처방된 약은 길거리 약국에서 누구나 쉽게 구입할 수 있었다. 이로 인해 점점 더 많은 사람이 약에 중독되면서 미국 전역에서 이상한 일이 벌어지기 시작했다. 사람들이 환각 증상에 빠져든 것이다. 길거리에서 느닷없이 구토하는 사람도 늘어났다. 옥시콘틴이 팔려 나가는 숫자만큼이나 범죄율도 높아졌다.

환자의 중독 상태가 너무 심각해져 병원 측이 처방을 중단하거나 줄이자 옥시콘틴에 중독된 사람들은 진짜 마약을 찾아 나섰다. '펜타닐fentanyl'이라는 오피오이드 진통제를 마약으로 소비하는 층이 대거 확대된 게 바로 이때였다. 마약을 살 돈이 없는 가난한 사람은 진통제를 더 복용하기 위해 약국에서 강도 짓을 벌이기까지 했다.

참다못한 피해자들은 2007년 퍼듀파마를 연방 법원에 고소했다. 수백 개의 도시와 카운티(우리나라의 '군'과 성격이 비슷한 미국의 자치단체), 그리고 24개의 주 정부도 퍼듀파마 등 오피오이드 진통제를 제조·판매한 제약 업체와의 소송을 시작했다. 2021년 불법적인 수단을 동원해 오피오이드를 판촉한 혐의가 인정되며 퍼듀파마는 45억 달러(우리 돈으로 약 5조 2,000억 원)의 합의금을 물기로 한 뒤 파산해 버렸다. 하지만 파산만으로 그 죄를 다 갚았다고 하기에는 마약성 진통제가 남긴 후유증이 너무나 컸다.

2023년 9월, 펜타닐 관련 사망자의 사진을 들고 미국 정부에 대책 마련을 촉구하는 시위대의 모습.

1999년부터 2020년까지 오피오이드 남용 및 중독으로 목숨을 잃은 미국인은 무려 50만 명에 이른다. 미국 질병통제예방센터^{CDC}에 따르면, 2019년 미국에서 총격 사건으로 사망한 사람이 3만 9,566명이다. 오피오이드 남용으로 죽은 환자의 수가 총격 사건 희생자보다 더 많았다는 이야기다. 오피오이드 사태는 돈벌이에 눈이 먼 퍼듀파마의 탐욕이 야기한 슬픈 참사였다.

"코카콜라의 시그니처인
빨간 뚜껑 페트병은
점점 환경오염의
상징이 되어 가고 있다."

_그린피스

플라스틱 쓰레기 배출
1위 기업

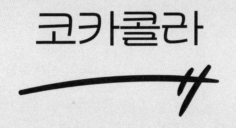

THE
COCA-COLA
COMPANY

소재지: 미국 조지아
창립: 1892년
분야: 음료수 제조업

—— 21세기 신대륙을 발견하다?

태평양은 아시아, 아메리카, 오세아니아를 연결하는 그야말로 망망대해다. 지구 총면적의 3분의 1을 차지하며 지구 전체 바다의 절반에 이르는 규모니 말이다. 그런데 태평양 북동쪽, 그러니까 우리나라의 동쪽이자 아메리카 대륙의 서쪽인 바다 한가운데에는 'GPGP'라고 불리는 지역이 있다. 이 지역의 면적은 우리나라의 열다섯 배, 한반도의 일곱 배에 달할 정도로 넓은데도 지도에 표시되지 않는다. 혹자는 이를 좀 과장해서 '대륙'이라고 부르기도 한다.

도대체 어떤 지역이기에 지도에도 없는 바다 한가운데의 영역을 섬, 혹은 대륙으로 부를까? 질문의 답은 놀랍게도 '쓰레기'에 있다. 더 정확히 말하자면 이 지역은 태평양에 버린 플라스틱과 비닐들이 해류를 타고 모여 쌓인 곳이다. 즉 GPGP란 'Great Pacific Garbage Patch'(태평양 거대 쓰레기 지대)의 줄임말인 것이다. 대한민국의 열다섯 배 크기에 이르는 거대한 플라스틱 쓰레기 섬이 태평양 한가운데 있

하와이 제도 인근에서 해양 쓰레기를 건져 올리고 있는 작업자들.

다니, 너무도 충격적이지 않은가?

역사가 채 200년도 되지 않는 플라스틱은 인류 역사상 가장 위대한 발명품이자 가장 위험한 발명품으로 꼽힌다. 현대 인류는 플라스틱과 함께 발전을 거듭해 왔다고 해도 과언이 아니다. 우리 주변에서 볼 수 있는 거의 모든 제품에 플라스틱이 사용되기 때문이다. 플라스틱 필름과 음반의 발명으로 인류는 영화와 음악 산업을 발전시켰다. 플라스틱을 소재로 한 우주선과 우주복이 개발되면서 인류는 지구를 벗어나 우주를 향한 도전을 이어 갈 수 있었다.

하지만 이 위대한 발명품이 가장 위험한 발명품으로도 꼽히는 이유는, 사용한 플라스틱을 처리할 마땅한 방법이 별로 없기 때문이다. 썩지 않는다는 것은 플라스틱의 최대 장점이자 단점이다. 썩지 않아서 편리한 플라스틱은, 쓰레기가 되는 순간 '썩지 않기 때문에' 처리가 어려운 골칫덩이로 전락한다.

보통 쓰레기는 매립이나 소각 등의 방법으로 처리한다. 매립은 말 그대로 땅에 묻는 것이다. 하지만 플라스틱은 쉽게 썩지 않기에 땅에 묻은 뒤에도 분해되지 않고 그대로 쌓일 뿐이다. 게다가 나무나 종이와 달리 태우는 과정에서 막대한 양의 유해가스를 배출하기 때문에 소각도 어렵다.

이처럼 처리가 어려운 플라스틱을 사람들은 그냥 바다에 버린다. 바다로 흘러 들어간 플라스틱은 파도와 해류에 의해 잘게 부서져 미세 플라스틱이 된다. 해양 생물들은 멋모르고 플라스틱을 먹이로 착각해 섭취한다. 그 미세 플라스틱을 섭취한 물고기들이 우리 식탁에 오르기도 한다. 플라스틱에서 시작된 해양생태계의 오염이 지구 전체의 건강을 위협하는 셈이다.

─── 현대인의 입맛을 사로잡은 코카콜라

이번 챕터의 주인공이자 현대자본주의의 상징이라 불리는 음료 코카콜라는 1886년 5월 8일, 약사 존 펨버턴John S. Pemberton이 미국 조지아주 애틀랜타의 약국에서 처음으로 선보인 음료다. 펨버턴은 원래 이 음료를 약이라고 생각하고 만들었다. 콜라에 든 카페인 성분이 두통을 완화해 주었기 때문이다. 이후 코카콜라는 200개가 넘는 나라에 진출해 1초에 2만 잔이 넘게 팔리는 '전 세계인의 음료'가 됐다.

콜라는 콜라나무의 열매로 만든다. 콜라 열매가 희귀한 것도 아니어서 그 열매와 물, 탄산, 설탕을 섞으면 누구나 만들 수 있는 음료수다. 그런데도 코카콜라는 콜라 시장에서 100년 넘게 절대 강자의 위치에 올라 있다. 왜일까? 그건 전 세계의 수많은 음료 제조 기업이 코카콜라의 맛을 흉내 내려고 시도했지만 단 한 곳도 성공하지 못했기 때문이다.

코카콜라만의 맛을 내는 비결은 '7X'라고 불리는 신비한 원료다. 코카콜라에 고작 1퍼센트 정도 함유되었다는 이 7X가 코카콜라 특유의 맛을 내는 것으로 알려져 있다. 7X를 만드는 방법은 코카콜라의 극소수 핵심 관계자 외에 그 누구도 알지 못한다. 코카콜라는 100년이 넘는 역사 동안 7X의 비법을 단 한 번도 공개한 적이 없고, 그래서 '7X의 비법이 스위스 은행 비밀 금고에 잠겨 있다.'라는 둥 별의별 소문이 나돌기도 했다.

코카콜라가 단순한 음료를 넘어 현대자본주의의 상징으로까지 불리게 된 데는 20세기 팝아트의 제왕으로 불리는 미국의 예술가 앤디 워홀Andy Warhol의 공이 크다. 워홀은 코카콜라를 끔찍이도 사랑한 것으로 널리 알려진 인물이다. 그는 코카콜라 병을 형상화한 예술작품도 많이 만들었고, 실제 그의 작품 가운데 하나인 〈코카콜라 큰 병 Large Coca-Cola〉은 2010년 한 경매에서 무려 3,536만 달러(우리 돈으로 약 395억 원)에 팔리기도 했다. 워홀이 코카콜라를 사랑한 이유는 이랬다. 대통령도, 유명 배우도, 당신도 똑같은 코카콜라를 마신다는 것. 콜라는 콜라일 뿐이니 아무리 돈이 많은 사람이라고 해도 길모퉁이의 부랑자보다 좋은 콜라를 살 수는 없다는 말이다.

_____ **유리에서 페트로 진화하다**

과거 플라스틱이 지금처럼 음료 용기로 사용되기 전까지 음료를 담는 병은 모두 유리로 제조되었다. 그런데 20세기 초반 미국 전역에서 코카콜라가 인기를 끌자 수많은 유사품이 등장하기 시작했다. 흔하게 생긴 유리병에 콜라를 담아서는 유사품과 구분할 수 없게 되자 코카콜라는 병에 '코카-콜라Coca-Cola'라는 로고를 새겼다. 하지만 유사품 업체들은 이 로고마저 흉내를 낸 뒤 상품 이름을 '코카-놀라Koka-Nola', '마 코카-코Ma Coca-Co', '토카-콜라Toka-Cola' 등으로 교묘하게 변형해 팔았다.

참다못한 코카콜라는 병의 디자인을 바꾸는 데서 해법을 찾았다. 포상금 500달러가 걸린 새 콜라병 디자인 공모에 코카콜라가 내건 조건은 단 두 가지였다. 어두컴컴한 곳에서 만져도, 그리고 깨진 병 조각들만 봐도 코카콜라 병인지 알 수 있어야 한다는 것. 이 공모에서 1915년에 당선된 디자인이 지금까지도 코카콜라의 상징인 '컨투어 보틀Contour Bottle'이다. 컨투어 보틀 디자인의 핵심은 볼록하게 튀어나온 중간 부분의 곡선이다. 컨투어 보틀 이전의 콜라병은 마치 참기름병처럼 일직선 형태여서 코카콜라와 유사품을 명확히 구분하기 어려웠다.

컨투어 보틀의 디자이너들은 코코아 열매의 흐르는 곡선을 본 따이 병을 만들었다고 한다. 하지만 많은 사람이 병의 모습을 보고 신체의 곡선과 닮았다고 생각해 코카콜라 병을 그에 비유하곤 했다. 앞서 언급했듯 워홀이 이 병으로 수많은 예술 작품을 만들었을 정도로

컨투어 보틀이 도입되기 전,
평범한 직선 형태였던 코카콜라 병.

컨투어 보틀은 전 세계적인 인기를 끌며 코카콜라의 상징이 됐다.

그런데 1970년대 들어 플라스틱 산업이 발전하면서 탄산음료를
담을 수 있는 페트병이 등장했다. 무겁고 깨지기 쉬운 유리병에 비해
페트병은 가볍고 깨질 염려조차 없었다. 코카콜라는 1978년 세계 최
초로 2리터짜리 페트병에 담긴 콜라를 출시하며 탄산음료의 페트병
시대를 열었다. 전 세계에서 압도적으로 많이 팔리던 코카콜라의 변신
은 인류의 역사를 송두리째 바꿔 놓았다. 유리는 깨트린 다음 녹이면
재활용할 수 있다. 하지만 플라스틱은 깨지지도, 제대로 녹지도 않는
물질이기에 유리보다 재활용이 매우 어렵다. 코카콜라가 '세계 최악의
플라스틱 쓰레기 배출 기업'이라는 오명을 얻은 시대가 열린 것이다.

_____ **코카콜라, 또 한 번 변신할 수 있을까?**

'BFFP^{Break Free From Plastic}'는 플라스틱 쓰레기 배출에 맞서는 2,000개 이상의 단체와 1만 명이 넘는 지지자들이 연대해 결성한 환경 시민단체다. 이 단체는 2018년부터 매년 '브랜드오딧^{Brand Audit}'이라는 이름의 행사를 개최한다. 여기서 오딧^{audit}은 '감사^{監査}', '검사'라는 뜻의 영어 단어다.

이름에 걸맞게 브랜드오딧은 전 세계 수십 개 나라에서 수십만 개의 플라스틱 쓰레기를 무작위로 수거한 뒤 상표를 식별해 어떤 회사의 제품이 가장 높은 비중을 차지하는지를 밝힌다. 2022년 브랜드오딧은 전 세계 6개 내륙, 44개 국가에서 실시됐고 1만 4,760명의 자원봉사자가 무려 42만 9,994개의 플라스틱 쓰레기를 수거했다. 검사 결과 플라스틱 쓰레기 배출 1위 기업은 코카콜라였다. 2위는 코카콜라의 라이벌 격인 펩시 제조사 펩시코^{Pepsico}, 3위는 우유와 음료를 제조하는 다국적기업 네슬레다.

코카콜라의 플라스틱 쓰레기 배출량은 2, 3위 기업을 압도한다. 코카콜라가 배출한 쓰레기를 브랜드오딧에서 5년간 수거한 양은 같은 기간 동안 펩시코와 네슬레가 각각 배출한 쓰레기를 합친 것보다도 많았다. 브랜드오딧이 시작된 이래 코카콜라는 압도적 1위 자리를 놓친 적이 없다. 심지어 2022년 발견된 코카콜라 플라스틱 쓰레기는 전년도인 2021년에 비해 그 양이 63퍼센트나 급증했고 2018년에 비해서는 무려 세 배나 늘어났다.

다른 단체가 실시한 조사에서도 결과는 비슷하다. 국제 개발 자선

단체 티어펀드^{Tearfund}가 내놓은 2021년 보고서에 따르면 코카콜라, 네슬레, 펩시, 유니레버 등 다국적기업이 매년 브라질, 나이지리아, 멕시코, 인도, 중국, 필리핀 등 개발도상국에 버리는 플라스틱 폐기물은 무려 50만 톤에 달한다. 그리고 이들 중 가장 많은 쓰레기를 배출한 기업은 단연 코카콜라였다. 이 네 개 기업이 생산한 플라스틱 쓰레기를 소각할 때 발생하는 이산화탄소의 양은 460만 톤에 이르는데, 이는 영국의 도로에서 차량 200만 대가 동시에 배기가스를 배출할 때와 그 양이 같다.

환경 단체들의 압박에 코카콜라도 전전긍긍하는 듯하다. 코카콜라에 따르면 코카콜라로 인해 발생한 플라스틱 쓰레기의 재사용률은 2020년 기준 16퍼센트에 그쳤다. 코카콜라는 리필이 가능한 병에 담긴 제품을 생산하는 등 병 포장재의 재사용률을 2030년까지 25퍼센트로 늘리겠다고 말했다.

하지만 환경 단체 그린피스^{Greenpeace}는 코카콜라가 제시한 재활용률 25퍼센트라는 수치가 여전히 낮다며 이를 50퍼센트까지 늘리도록 압박할 것이라고 선언했다. 음료 판매량 압도적 1위 기업이자 플라스틱 쓰레기 배출량 압도적 1위 기업인 코카콜라의 변신 없이는 북태평양 한가운데 쓰레기 섬이 떠다니는 참혹한 '플라스틱 쓰레기 대란'을 막을 길이 없다는 판단 때문이다.

"침묵의 살인자는
입을 닫았다."

_《한겨레》

2만 명을 사망케 한
가습기 살균제 참사

옥시레킷벤키저

OXY RECKITT
BENCKISER

소재지: 대한민국 서울
창립: 1991년
분야: 세제 및 의약품 제조업

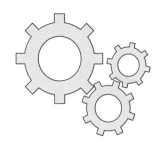

—— 그 슬픔과 충격은 왜 분산되었을까

중학교 과학 수업에서 배우는 내용 가운데 '압력은 힘을 받는 면적에 반비례한다'는 개념이 있다. 힘을 받는 면적이 좁을 땐 그 압력(충격)이 크고, 힘을 받는 면적이 넓으면 상대적으로 압력이 작아진다는 이야기다.

좀 쉽게 생각해 보면 이렇다. 똑같은 힘으로 때려도 맨주먹을 얼굴에 맞으면 어마어마하게 아프다. 맨주먹과 얼굴이 접촉하는 면적이 좁아 주먹으로 때린 힘이 얼굴에 고스란히 전해지기 때문이다. 반면에 똑같은 힘으로 글러브를 낀 주먹에 얼굴을 맞으면 충격이 훨씬 덜하다. 글러브 덕에 힘이 가해지는 면적이 넓어져 충격이 완화되기 때문이다. 같은 힘으로 맨주먹이 아닌 칼을 맞으면 사람이 죽기도 하는데, 이도 같은 원리다. 칼에 찔리는 면적이 맨주먹을 맞는 면적보다 훨씬 좁아 충격이 몇 배로 가중되는 까닭이다.

이런 물리법칙은 정신적 충격에도 비슷하게 적용된다. 짧은 시간에 좁은 공간에서 벌어진(정신적 접촉 면적이 좁은) 참사는 사람들에게 어마어마한 충격을 준다. 반대로 비슷한 강도의 참사라도 긴 시간 동안 여러 장소에서 천천히 벌어진 참사(정신적 접촉 면적이 넓은)는 상대적으로 사람들의 정신에 주는 충격의 강도가 약하다.

'보팔 재앙Bhopal disaster'이라 불리는 가스 누출 참사가 있었다. 이는 1984년 인도 마디아프라데시주州 보팔에 있는 화학 공장에서 유독가스가 대량으로 누출되어 발생한 역사상 최악의 산업재해 가운데 하나다. 사고 현장에서 목숨을 잃은 인원만 3,787명이며 가스 누출 후 유증으로 목숨을 잃은 사람까지 합치면 사망자는 1만 6,000명이 넘을 것으로 추정된다. 이 사건의 충격이 너무나 커서 인류는 이 보팔 재앙을 역사적 기록으로 상세히 남기고 있다. 구글에서 키워드를 검색해 보면 각종 백과사전 기록을 비롯해 수백, 수천 건의 관련 문서를 쉽게 찾을 수 있다.

그런데 한국에서 발생한 가습기 살균제 사건에 관한 기억이 우리 사회에 미친 정신적 충격의 강도는 보팔 재앙과 사뭇 다르다. 2020년 9월 '가습기 살균제 사건과 4·16 세월호 참사 특별조사위원회' 및 고려대학교 보건과학과, 서울대학교 보건대학원 등 연구진의 발표에 따르면 가습기 살균제로 인해 건강 피해를 겪은 이는 무려 95만 명에 달하며 사망자는 2만여 명에 이른다. 피해 규모가 결코 보팔 재앙에 뒤처지지 않는 대참사이건만, 의외로 인류는 이 사건을 그다지 충격적으로 받아들이지 않았다. 이 사건은 국제적으로 큰 화제가 되지 않아 역사적 기록도 부실하기 짝이 없다. 인터넷 백과사전인 위키피디아 영문 페이지는 한 쪽도 되지 않을 분량으로 짧게 서술돼 있으며

2011년 11월, 가습기 살균제 피해에 관한 정부 대책 마련을 촉구하는 기자회견.

관련 문서도 많지 않다.

왜 이런 차이가 생겼을까? 짧은 시간에 벌어진 보팔 재앙과 달리 가습기 살균제 사건은 10년 넘게 이어졌다. 그리고 피해가 발생한 장소도 전국적이라 보팔이라는 한 지역에서 벌어진 참사에 비해 훨씬 넓었다. 이런 조건들이 우리의 기억과 참사가 접촉하는 면적을 넓히는 바람에 한곳에서 단시간에 벌어진 보팔 재앙보다 정신적 충격이 줄어든 것이다.

하지만 피해 규모에서 알 수 있듯 이 사건은 결코 보팔 재앙보다 가벼이 다뤄질 사건이 아니다. 어쩌면 가습기 살균제 사건은 인류 역사에서 화학약품으로 인해 벌어진 사건 가운데 최악의 것으로 기록돼야 할지도 모른다.

가습기 살균제 사건을 짧게 요약하면 이렇다. 가습기는 알다시피 습도를 높이기 위해 공기 중에 수증기를 분사하는 기계다. 건조한 공기는 다양한 질병의 원인이 되기에 겨울철 건조한 날씨가 이어지는 대한민국에서는 가습기를 필수품처럼 취급한다. 문제는 가습기가 말 그대로 수증기를 공기 중에 '분사'한다는 사실이다. 이 말은 분사된 수증기를 사람이 코와 입을 통해 그대로 들이마신다는 뜻이기도 하다. 즉 오염된 수증기가 분사된다면 호흡기에 큰 질병을 불러일으킬 수 있다.

가습기 살균제는 사람들의 이런 불안에 기반해 만들어진 제품이다. 살균제라는 이름에선 이 제품을 물에 타 사용하면 오염된 물이 깨끗이 정화될 듯한 느낌을 받을 수 있다. 이 장의 주인공이며 가습기 살균제 사건 피해 인정자 가운데 80퍼센트가량이 사용한 옥시레킷벤키저Oxy Reckitt Benckiser의 가습기 살균제 설명서에도 "가습기 물 교체 시 한 번만 넣어 주셔도 효과가 지속됩니다."라고 적혀 있었다.

하지만 옥시레킷벤키저 등 가습기 살균제를 만들어 판매한 회사들은 그 살균제가 코와 입을 통해 흡입해도 안전한 물질인지 단 한 번도 제대로 검증하지 않았다. 그리고 이 검증되지 않은 화학제품에 인간의 생명을 앗아 가는 무시무시한 독성 물질이 들었음이 뒤늦게 밝혀졌다. '살균'이라는 말만 믿고 제품을 사용한 수백만 명의 소비자가 되레 치명적인 독성 물질에 노출된 셈이다.

_____ **가습기 살균제 속 숨은 진실**

가습기 살균제의 첫 등장은 1994년 유공(현 SK이노베이션)이 '가습기 메이트'라는 제품을 출시하고부터다. 그러곤 1996년 옥시레킷벤키저가 '옥시싹싹가습기당번'이라는 제품을 만들었는데, 이 제품이 큰 성공을 거두며 가습기 살균제의 사용이 일반화하기 시작했다. 옥시싹싹가습기당번은 시장 점유율이 80퍼센트에 이를 정도로 압도적인 판매량을 자랑하던 제품이다.

문제가 본격적으로 불거진 때는 2011년이다. 그해 4월 서울아산병원 응급실과 호흡기내과 중환자실에 원인을 알 수 없는 폐질환 증상의 환자가 여덟 명이나 입원했다. 그 가운데 임신부는 일곱 명이었는데, 치료 중 임신부 한 명이 같은 해 5월 초에 결국 목숨을 잃고 말았으며 이후에도 임신부 사망자가 잇달았다.

서울아산병원 측은 의아했다. 아무리 검사를 해 봐도 환자들의 폐에 치명적인 영향을 미칠 만한 세균이나 바이러스가 발견되지 않았기 때문이다. 서울아산병원은 즉시 주변 병원에 연락을 취해 비슷한 증상의 환자가 있는지 조사를 시작한 뒤 사태가 심상치 않음을 판단하곤 서둘러 질병관리본부에 역학조사를 요청했다. 질병관리본부가 본격적으로 역학조사에 나서면서 진상이 하나둘씩 밝혀지기 시작했다.

그 당시 비슷한 증상을 보인 환자들은 대부분 20~30대 여성이었다. 그리고 모두 2~3월부터 증상이 시작됐다. 또 이들에게는 겨울철 건조한 공기를 피하기 위해 가습기와 가습기 살균제를 사용했다는

2012년 8월, 서울중앙지검 앞에서 '옥시싹싹가습기당번' 제품을 들고 기자회견 중인 피해자 유가족.

공통점이 있었다. 조사가 더 진행되면서 이들이 사용한 가습기 살균제에는 모두 '폴리헥사메틸렌구아니딘 인산염PHMG-p'이라는 화학물질이 들어있다는 사실이 발견됐다. 이 물질은 마시거나 흡입하면 절대 안 된다. 환자들의 폐질환 원인이 가습기 살균제였다는 점이 마침내 밝혀지는 순간이었다.

이후 조사에서 새로운 사실들이 속속 드러났다. 기록에 따르면 1995년에도 가습기 살균제로 인한 사망자가 둘이나 있었다. 최초 사망자는 54세 성인이었고, 두 번째 사망자는 고작 태어난 지 한 달 된 아기였다. 이 말은 가습기 살균제 피해자가 1995년부터 2011년까지 무려 약 17년 동안이나 꾸준히 발생했다는 이야기다.

책임을 외면한 옥시레킷벤키저

옥시레킷벤키저는 어떤 회사일까? 원래 '옥시'라는 브랜드는 우리나라 기업 동양제철화학(현 OCI)의 브랜드였다. 1991년 동양제철화학의 계열사로 설립되었다가 2001년 영국 기업 레킷벤키저가 인수하면서 옥시레킷벤키저라는 회사가 탄생했다. 즉 옥시레킷벤키저는 영국을 대표하는 생활용품 업체 레킷벤키저의 한국 자회사인 셈이다.

사건 자체도 심각했지만 더 큰 문제는 사건이 발생한 원인과 사건이 불거진 이후 옥시레킷벤키저가 보인 태도였다. 첫째, 가습기 살균제 시장에서 80퍼센트 이상의 점유율을 차지하던 기업인 옥시레킷벤키저는 단 한 번도 제품의 화학 성분이 인체에 유해한지 검사하지 않았다. 바로 이것이 문제의 근원인 할 수 있다.

둘째, 사건이 불거진 이후 옥시레킷벤키저는 이 사건을 덮기 위해 조작을 시도했다. 2011년 사태가 확산하자 옥시레킷벤키저는 자사 제품에 독성이 있는지 객관적으로 조사하겠다며 서울대학교, 호서대학교, 한국건설생활환경시험연구원을 비롯한 한국 연구소 세 곳과 미국 연구소 세 곳에 연구를 의뢰했다. 그러곤 서울대학교 연구진에 로비를 벌여 자사 제품에 독성이 없다는 연구 결과를 받아 내는 등 피해자들을 농락하는 파렴치한 행동을 일삼았다.

셋째, 옥시레킷벤키저의 본사인 영국 기업 레킷벤키저는 진심 어린 사과를 지금까지도 내놓지 않고 있다. 전(前) 레킷벤키저 대표 라케시 커푸어Rakesh Kapoor는 2016년 영국을 방문한 한국 피해자들과 40여 분 동안 만난 자리에서 "대단히 유감스러우며 개인적으로 죄송하다."

라고 밝혔지만 "한국을 방문해 사과하라."라는 한국 측 피해자들의 요구를 끝까지 거부했다. 옥시레킷벤키저는 지금도 한국에서 버젓이 영업하고 있으며, '옥시크린', '물먹는하마' 등의 상품이 지금도 인기리에 판매 중이다.

앞선 장에서도 언급했듯, 일본의 소설가 다카하시 겐이치로는 자신의 책 『우리의 민주주의거든』에서 일본인들이 지닌 '망각의 습성'을 질타한 바 있다. 다카하시에 따르면 일본인들은 잊는 것을 너무 당연하게 생각해 그들이 저지른 전쟁의 참사도, 후쿠시마 원전 사고의 참상도 그냥 쉽게 잊어버린다고 한다. 우리는 어떤가? 가습기 살균제 사건은 보팔 재앙에 못지않은 인류 역사상 가장 참담한 화학제품 재해였다. 하지만 이 사건의 주범 기업인 옥시레킷벤키저는 레킷벤키저로 대외적인 상표명만 바꾼 채 지금도 한국에서 버젓이 제품을 팔고 있다.

우리는 돌아봐야 한다. 우리 역시 '망각의 달인'이라는 일본인들처럼 과거를 너무 쉽게 잊어버리는 건 아닌지 말이다. 가습기 살균제 사건이 불거진 지 아직 12년이 채 지나지 않았다.

"봉건귀족의 가혹한 수탈에
버금갈 정도로, 만족을
모르는 무자비한 탐욕"

_국제지식생태학회

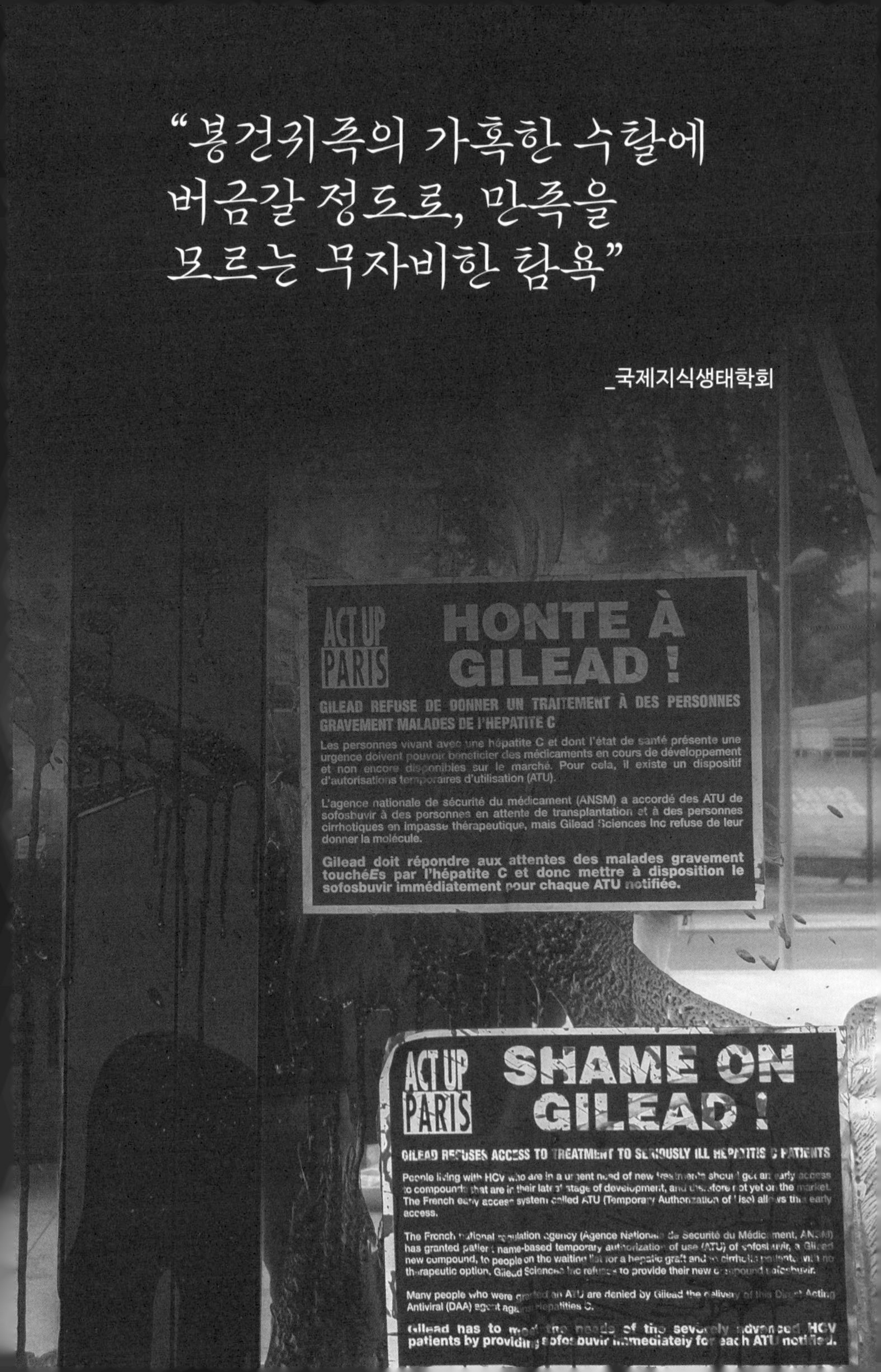

정경유착과 약값 폭리로
빅 파마가 되다

길리어드사이언스

GILEAD
SCIENCES

소재지: 미국 캘리포니아
창립: 1987년
분야: 제약

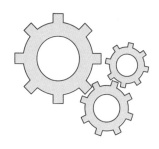

——— 에이즈와 다라프림

에이즈라는 질병이 1980년대 지구를 덮쳤다. 에이즈의 정식 명칭은 '후천성면역결핍증'. 이를 영어로 쓰면 'Acquired Immune Deficiency Syndrome'인데, 각 단어의 앞 글자를 따서 AIDS라 표기한다. 면역결핍이라는 단어에서 알 수 있듯 이 질병은 인체 세포의 면역 기능을 저하시키기 때문에 바이러스가 몸에 침입할 때 이를 막아 내기 어려워진다. 그래서 에이즈 환자들은 흔한 바이러스에 감염되어도 듣도 보도 못한 희귀한 증상을 겪곤 한다.

1980년대만 해도 에이즈는 공포의 대상이었다. 전설적인 영국 록 그룹 퀸Queen의 보컬 프레디 머큐리Freddie Mercury도 에이즈 탓에 사망했다. 과장이 아니라 이 질병 때문에 인류가 종말을 맞을지 모른다는 두려움마저 있던 시절이다. 치료법이 개발된 지금도 여전히 매년 70만 명이 넘는 사람이 에이즈에 걸려 목숨을 잃는다. 이 70만 명이라는 숫자조차 정확하지 않은데, 에이즈로 고충을 겪는 대다수 국가

2016년 미국 의회 청문회서 약값 인상에 관해 증언하는 마틴 슈크렐리.

가 이미지 실추를 우려해 통계를 제대로 발표하지 않기 때문이다. 하지만 에이즈 초기 유행 당시 인류가 경험한 극심한 공포는 어느 정도 가라앉았다고 볼 수 있다.

그런데 2015년 9월, 에이즈로 고생하던 환자들에게 날벼락 같은 소식이 전해졌다. 그 당시 에이즈는 말라리아 치료제로도 유명한 항생제 '다라프림Daraprim'으로 치료했다. 그런데 한 알에 13.5달러인 다라프림의 가격이 갑자기 750달러로 뛰어 버린 것이다. 하루아침에 무려 55배나 오른 셈이다. 에이즈 환자들은 이 약을 매일 두세 알씩 먹어야 했는데 약값이 한 알에 750달러, 우리 돈으로 100만 원쯤이라면 하루 약값에만 200만~300만 원이 든다. 1년에 많게는 10억 원 넘게 지출해야 한다는 얘기다. 말라리아와 에이즈는 아프리카, 동남아시아 등 개발도상국에서 많이 발생하는 질병이다. 이들 나라엔 10억 원은 커녕 하루 1,000원이 없어서 굶어 죽는 사람도 적지 않다. 다라프림의 약값 인상은 이들에게 사형선고나 다름없었다.

도대체 왜 이런 일이 벌어졌을까? 이 사건의 원인 제공자는 마틴 슈크렐리Martin Shkreli라는 사업가였다. 그는 다라프림을 독점적으로 생산할 수 있는 특허권을 사들였다. 이 말은 슈크렐리의 회사 말고는 어느 곳도 다라프림을 만들 수 없게 됐다는 뜻이다. 약값을 55배나 올려놓은 슈크렐리는 '살고 싶으면 이 비싼 가격으로 우리 약을 사 먹어라.' 하며 배짱을 내밀었다.

다라프림 사건은 전 세계에 큰 충격을 안겼다. 기업이 이익을 내는 건 문제가 아니지만, 이토록 낲은 사람의 생명을 담보로 돈을 버는 일이 과연 정당하냐는 비판이 세계의 지성인들 사이에서 시작된 것이다.

─── **제약 회사의 횡포**

마틴 슈크렐리가 아니더라도 수많은 다국적 제약 회사가 특허권을 이용해 폭리를 취한다. 신경내분비계 종양의 치료제로 쓰이는 '루타테라Lutathera'라는 약이 있다. 췌장암에 걸려 세상을 떠난 애플Apple의 창업자 스티브 잡스Steve Jobs가 복용하던 약으로 유명하다. 다국적 제약 회사 노바티스Novartis는 루타테라를 개발하던 프랑스 제약 회사를 2017년에 인수하며 약값을 매우 비싸게 책정했다. 나라마다 조금씩 다르지만, 네덜란드에서는 루타테라를 1년간 투여하는 데 무려 1억원이 넘는 돈이 필요하다. 한편 키노디옥시콜린산 성분 담석증 치료제의 판권 역시 다국적 제약 회사 리디언트바이오사이언스Leadiant Biosciences가 사들였다. 리디언트는 해당 약을 2017년에 새롭게 출시하며 기존보다 가격을 500배나 올려 팔았다. 이 약을 1년 동안 복용하려면 2억 원 넘는 돈이 든다.

이번 호의 주인공 길리어드사이언스Gilead Sciences(이하 길리어드)도 이와 비슷한 행보를 보였다. 1987년 설립된 길리어드는 2022년 기준 매출이 약 270억 달러, 우리 돈으로 36조 원이 넘는 거대 제약 회사다. 제약 업계에서는 연간 매출 150억 달러가 넘는 거대 제약 회사를 '빅 파마Big Pharma'라고 부른다. 그런데 길리어드가 빅 파마의 반열에 올라서는 과정은 실로 고약하기 짝이 없었다.

길리어드가 성장 동력을 마련한 때는 2001년이다. 그해 9월 11일, 이슬람 무장 단체 알카에다Al-Qaeda가 미국 뉴욕과 워싱턴D.C.에 자살 테러를 감행한 9·11테러가 벌어졌다. 테러 규모가 어마어마했기에 미국은 물론 전 세계가 공포에 휩싸였다. 그런데 그때 미국 전역에서 '테러리스트들이 탄저균과 천연두균을 이용해 2차 테러를 감행할 것'이라는 소문이 돌기 시작했다. 당연히 천연두 백신 수요가 급증했고, 천연두 백신을 맞을 때 부작용을 방지하는 약품인 '비스티드Vistide'의 수요도 폭증했다. 이 비스티드를 생산하는 회사가 바로 길리어드였다.

이게 무슨 문제인가 싶겠지만 앞뒤 상황을 잘 살펴보면 이상한 점은 한둘이 아니다. 첫째, 소문이 돈 이후에도 테러 단체의 생물 테러는 전혀 일어나지 않았다. 둘째, 그 당시 미국의 군사권을 쥐고 있던 국방부 장관이 도널드 럼즈펠드Donald H. Rumsfeld라는 자였는데, 럼즈펠드는 길리어드의 회장 출신이다. 심지어 럼즈펠드는 국방부 장관으로 재임하는 동안에도 엄청난 규모의 길리어드 주식을 보유하고 있었다. 셋째, 2003년 미국이 이라크를 무력으로 침공하던 때 미국 정부는 이라크에 파병한 미군 병사들에게 비스티드를 무더기로 주사했다. 그리고 이 같은 결정을 내린 사람은, 바로 럼즈펠드 장관이었다.

——— 정치권과 제약 업계의 유착

정경유착을 의심하지 않으려야 않을 수가 없는 대목이다. 의심스러운 정황은 이것뿐이 아니다. 2009년 신종플루라는 감염병이 크게 유행했다. 신종플루는 1968년 홍콩독감, 2020년 코로나19와 함께 WHO가 팬데믹을 선언한 엄청난 감염병이었다. 대역병大疫病으로도 번역되는 팬데믹은 감염병이 전 세계적으로 창궐해 인류 전반에 위협을 끼칠 때 WHO가 국제 공조를 위해 선언하는 최악의 사태를 뜻한다.

　길리어드는 이 신종플루의 치료제인 '타미플루Tamiflu'를 개발했다. 문제는 타미플루를 가장 비싼 가격에 사 준 곳이 미국 정부였고, 그 가운데서도 국방부가 타미플루를 가장 많이 사들였다는 점이다. 그리고 도널드 럼즈펠드는 퇴임 이후에도 미국 국방부에 가장 막강한 영향력을 행사한 인물이다.

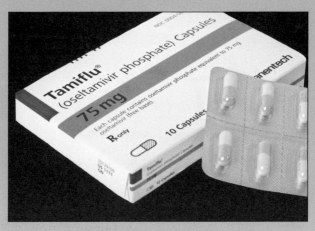

길리어드사이언스가 신종플루 치료제로 개발한 타미플루.

　실제 미국 사회에서 빅 파마 기업들이 정치권에 막대한 로비 자금을 퍼붓는다는 사실은 공공연한 비밀이다. 제약업 동향에 관해 주로 보도하는 조사 기관 바이오파마다이브^{Biopharma Dive}에 따르면, 1999년부터 2018년까지 20년 동안 제약 회사가 정치권에 퍼부은 로비 자금은 47억 달러(우리 돈으로 약 6조 3,000억 원)에 이른다.

　길리어드는 약값을 올리는 일에도 당연히 가담했다. 길리어드는 2011년 C형간염을 치료하는 의약품 '소발디^{Sovaldi}'의 제조사 파마셋^{Pharmasset}을 인수하며 매출이 급성장했다. 거기엔 소발디의 판매권을 얻고 나서 소발디 한 알의 가격을 무려 1,000달러로 올린 영향도 있을 테다. 우리 돈으로 135만 원에 이르는 가격이니 환자 한 명이 소발디를 매일 복용하며 12주 동안 치료를 받으려면 약값으로만 8만 4,000달러, 즉 1억 원 넘는 돈을 써야만 했다.

———— **태양에는 특허가 없다**

다른 이야기를 하나 해 보자. 미국에 조너스 소크Jonas E. Salk라는 의사가 있었다. 그는 소아마비 백신을 개발한 인물이다. 지금은 그렇게 무서운 병이 아니지만, 1950년대까지만 해도 소아마비는 공포의 질병이었다. 1952년 미국에서만 5만 8,000여 명의 소아마비 환자가 보고됐고 이 가운데 2만 1,269명이 신체 마비 장애를 겪었으며 3,145명이 목숨을 잃었다. 미국 최초의 4선 대통령 프랭클린 루스벨트Franklin D. Roosevelt도 소아마비 환자였다. 그래서 이 시기 미국에서는 "핵폭탄만큼 무서운 게 소아마비다."라는 말까지 나돌았다.

그런데 소크가 1955년에 소아마비 백신 개발을 공표했다. 그 당시 모든 신문 1면의 머리기사가 백신 개발 소식이었을 정도로 미국은 열광했다. 마침내 지긋지긋한 소아마비의 공포에서 벗어날 수 있게 되었기 때문이다. 수많은 제약 회사가 소크 박사에게 백신의 특허권을 팔라고 간청했다. 소크가 특허권을 팔았다면 얻었을 이익은 요즘 돈으로 무려 8조 원 정도로 추정한다. 하지만 소크는 제약 회사의 제안을 단칼에 거절했다. 그리고 백신 제조법을 모두에게 공개했다. "지금도 의사로서 여유롭게 살고 있다. 백신 개발은 환자를 치유하기 위한 것이지 돈을 벌기 위한 것이 아니다."라는 게 그의 설명이었다. 그 덕에 지금 소아마비 백신의 단가는 고작 100원 남짓이다. 전 세계가 소아마비를 이겨 낼 수 있던 이유가 여기에 있다.

이 당시 방송 인터뷰에서 사회자가 "백신의 특허권을 누가 갖나요?"라고 묻자 소크는 미소를 띠며 이렇게 말했다. "특허는 사람들이 갖게 될 겁니다. 특허라고 할 게 없어요. 당신은 태양에도 특허를 낼 겁니까?"

실로 그러하지 않은가? 모든 사람이 누려야 마땅한 태양을 누군가가 독점할 수 없듯이, 사람의 생명을 구하는 백신도 누군가가 특허를 냄으로써 독점해 폭리를 취해선 안 된다. 이는 제약 회사들이 공들여 개발한 약을 공짜로 나눠 주라는 이야기가 아니다. 소크처럼 한 푼도 벌지 말라는 주장도 아니다. 적어도 인류의 생존과 관련한 약을 개발했다면 그 약은 적정한 이윤을 남기는 선에서 인류에게 돌아가야 한다는 말이다. 하루아침에 약값을 수십 배, 수백 배 올려 환자를 죽음의 구렁텅이로 내몰아서는 안 될 것이다.

의사들은 의사 면허증을 취득할 때 히포크라테스 선서를 해야 한다. 그 선서는 이렇게 시작한다. "이제 의업에 종사할 허락을 받으매 나의 생애를 인류 봉사에 바칠 것을 엄숙히 서약하노라." 인류의 생사에 의사 못지않은 영향력을 행사하는 제약 업계에도 이 말은 유효해 보인다.

"인간을 물질화하는 시대
인간의 개성과 참 인간적 본능의 충족을 무시당하고
희망의 가치를 잘린 채, 존재하기 위한 대가로
물질적 가치로 전락한 인간상을 증오한다."
_전태일, 노동운동가

나이키 1964~
월마트 1962~
우버테크놀로지스 2009~
폭스콘 1974~
H&M 1947~
아마존 1994~
미쓰비시 1870~

2부.
삶과 죽엄을
훼손하다

"유의미한 조치를 몇 가지 취했지만, 아직 대부분 영역에서 중대한 변화가 필요하다."

_굿온유

Chapter 10

시간당 6센트에
아동을 착취하다

나이키

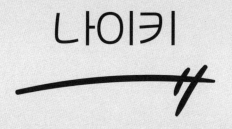

NIKE

소재지: 미국 오리건
창립: 1964년
분야: 스포츠 의류

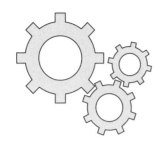

<h2 align="right">——— 하청의 함정</h2>

'하청下請'이라는 단어가 있다. 기업이 자기가 해야 할 일을 외부의 누군가에게 맡긴 뒤 그에 해당하는 대가를 지불하는 업무 처리 방식을 의미한다. 기업을 운영하는 비용을 절감하고, 서비스 수준을 향상하려는 목적으로 시행하는 일종의 업무 위탁outsourcing인 것이다.

예컨대 화학제품을 만드는 기업 A가 공장을 운영할 때, 일반적인 경우라면 기업 A가 직접 공장의 노동자를 고용해야 한다. 그런데 가끔 이런 경우가 생긴다. 기업 A가 B라는 다른 업체를 고용해 공장 운영의 일부 혹은 전부를 그 업체에 맡기는 것이다. 그러한 계약이 맺어지면 공장의 노동자는 기업 A가 아닌 기업 B에 소속된다. 이런 경우를 "기업 A가 기업 B에 하청을 줬다."라고 표현한다. 또한 A를 원청 기업, B를 하청 기업이라고 부른다.

질문을 하나 던져 보겠다. 지금은 ('중대재해 처벌 등에 관한 법률' 시행 등으로) 상황이 조금 달라졌지만, 몇 년 전까지 우리나라에서 비일비

재하게 벌어졌던 일에 관한 질문이다. 원청 기업인 A는 평소 안전사
고를 예방하기 위해 하청 기업 B 소속 노동자들의 안전 교육을 철저
히 했다. 하지만 안타깝게도 공장에서 사고가 났고, 결국 노동자가 숨
졌다. 진상을 파악하기 위해 고용노동부에서 조사를 나오자 기업 A
는 "우리는 평소에 안전 교육을 열심히 했어요."라고 해명했다. 이 상
황에서 기업 A는 사고에 책임을 져야 할까?

답은 "책임을 져야 한다."이다. 그런데 그 이유가 너무나 황당하
다. 바로 'A가 사고 예방을 위해 노력했기 때문'이라는 것이다. 이게
무슨 헛소리인가? 그렇다면 노동자의 안전을 지키기 위해 노력하지
않았다면 책임을 면할 수 있단 말인가? 놀랍게도 몇 년 전까지 우리
나라의 현실은 그랬다. 만약 A가 사고 예방을 위한 조치를 포함해 공
장의 관리·감독에 아무것도 관여하지 않았다면, 아무런 책임을 지지
않아도 됐다.

왜 이런 황당한 일이 벌어졌을까? 그건 A가 B에 하청을 줬기 때
문이다. 하청을 주는 순간, 공장에서 벌어지는 모든 일은 A가 아닌 B
의 책임이다. 그런데 A가 공장 노동자들에게 안전 교육을 하면 법은
A를 '공장의 실질적 책임자'로 보고, 목숨을 잃은 노동자가 하청 기업
B 소속이어도 '실질적 책임자'인 A에게 책임을 묻는다. 이 때문에 하
청을 준 기업들은 현장에서 사고가 나건 말건, 일절 모른 척해야 책
임을 면할 수 있었다. 당연히 안전 교육도 제대로 실시하지 않았다.
그러다가 사고가 발생해도 "이건 모두 하청 업체의 책임이에요."라고
발뺌만 하면 됐다.

중대재해 처벌 등에 관한 법률이 제정된 지금은 사고가 나면 원청

기업에도 어느 정도 책임을 묻는다. 하지만 사고의 책임을 하청 기업에 돌리는 관행은 여전히 사라지지 않았다. 또 원청 기업이 사고에 대해 책임지는 비중도 높지 않다. 기업들이 하청을 선호하는 이유, 그리고 위험하고 힘든 일을 모두 하청 기업에 떠넘기는 이유가 여기에 있다.

―――― 한 장의 사진이 밝혀낸 수많은 진실

1996년 미국의 시사 잡지 《라이프》에는 한 아시아계 어린이가 축구공을 바느질하는 사진이 실렸다. 아이가 정성스레 작업하는 축구공엔 나이키Nike의 스우시 로고가 선명히 박혀 있었다. 한눈에 봐도 앳된 이 아이는 파키스탄에 사는 12세 소년이었다. 그 어린 나이에 돈을 벌기 위해 축구공을 바느질하고 있었던 것이다.

축구는 적당한 공간과 축구공만 있으면 20여 명이 게임을 즐길 수 있는 전 세계적인 스포츠다. 그래서 빈부를 막론하고 어느 나라에서건 인기 있는 종목이다. 하지만 누구나 갖고 노는 축구공엔 놀라운 비밀이 숨겨져 있다. 축구공은 대량생산이 불가능하다는 점이다.

축구공이 완벽한 구球의 형태를 이루려면 정오각형과 정육각형으로 된 서른두 개의 가죽 조각을 정교하게 이어 붙여야 한다. 문제는 이 작업을 기계가 정교하게 해낼 수 없다는 데 있다. 이 말인즉 양질의 축구공을 만들기 위해선 서른두 개의 조각을 사람이 일일이 바느질해야 한다는 뜻이다. 축구공 하나를 만드는 데 필요한 바느질 횟수

파키스탄 시알코트의 공장에서 한 노동자가 축구공 외피를 바느질하고 있다.

는 1,600여 회다. 완벽한 구를 만드는 일은 매우 어려워서 능숙한 노동자도 하루에 기껏해야 축구공 두 개 이상을 만들기 힘들다.

　더욱 놀라운 사실이 있다. 전 세계에 유통되는 수작업이 필요한 축구공 가운데 70퍼센트 이상은 인도와 파키스탄에서 만들어진다. 그곳의 인건비가 싸기 때문이다. 《라이프》가 폭로한 기사의 제목은 '시간당 6센트 Six Cents an Hour'였다. 이 당시 인도와 파키스탄의 어린이들이 온종일 꼬박 10시간을 앉아 바느질해서 받는 돈이 시간당 50원, 하루에 500원 정도였다는 이야기다. 그 시절 축구공 제작에 투입된 파키스탄 북동부 시알코트 지역의 아동 노동자 수는 1만 5,000명이 넘었다.

　사람들은 파키스탄 소년의 사진을 보기 전까지 이 참혹한 사실을 몰랐다. 하지만 그 사진이 《라이프》에 실리면서 사람들은 마침내 알았다. 더 많이 배우고, 더 많이 뛰놀며, 더 많이 꿈꿔야 할 아이들을 나이키가 일당 500원에 착취하고 있다는 사실을 말이다.

───── 나이키는 무엇을 잘못했는지 몰랐다

사진이 공개되자 전 세계의 다양한 소비자단체가 시알코트에서 생산된 나이키 축구공을 불매하기 시작했다. '나이키의 세계관'으로 불리던 "JUST DO IT"이라는 광고 문구에 소비자들은 "하루에 500원만 받으며 닥치고 일이나 하라는 말이냐?"라며 분노했다.

하지만 정작 나이키는 자기가 무엇을 잘못했는지를 당최 모르는 모습이었다. 나이키는 전통적으로 자사가 소유하는 자체 공장을 운영하지 않는 기업이다. 미국의 나이키 본사에선 제품 기획과 디자인, 마케팅 업무만을 맡고 생산은 인건비가 싼 국가의 기업들에 하청을 주는 방식으로 회사를 운영한다.

1970~1980년대엔 부산을 중심으로 우리나라가 세계 신발 산업의 주요지였는데, 이때 우리나라 기업들은 나이키를 포함한 글로벌 브랜드 신발의 약 80퍼센트를 생산했다. 그러다가 사회가 민주화되고, 노동운동이 활발해짐에 따라 우리나라 노동자의 인건비가 상승하자 나이키는 중국, 인도, 파키스탄, 베트남 등지의 공장으로 눈길을 돌렸다. 축구공 생산 공장도 이런 식으로 인도와 파키스탄에 자리 잡게 된 것이다.

사태 초기에 나이키는 당당한 표정으로 이렇게 항변했다. "그게 왜 우리 책임인가? 우리는 파키스탄 현지 기업에 아웃소싱했다. 따라서 그곳에서 벌어지는 일은 우리 책임이 아니라, 하청 기업의 책임이다." 나이키의 말이 맞다. 법적으로는. 이것이 바로 기업들이 하청 혹은 아웃소싱을 하는 이유다. 하지만 본질적으로 생각해 보자. 그 일이 어떻게 나이키의 책임이 아닐 수 있나?

하청 기업들은 저마다 계약을 따내기 위해 "우리가 더 싼값에 축구공을 만들어 드릴게요."라며 원청 기업인 나이키에 들러붙는다. 나이키는 비용을 절감한답시고 더 낮은 가격을 제시하는 곳에 하청을 준다. 계약에 성공한 하청 기업은 수지를 맞추려 노동자를 착취한다. 12세 소년에게 시간당 6센트를 주고서 축구공 하나에 1,600회가 넘는 바느질을 하도록 강제하는 근본적 이유가 여기에 있다.

나이키는 불매운동에 "우리는 책임이 없다."라며 강력히 반발했지만, 소비자들의 분노는 매서웠다. 나이키의 매출은 급감했다. 시민단체가 본격적인 불매운동에 나서면서 1997년 초 9달러 선이었던 나이키의 주가는 12월에 5달러 아래로 추락했고, 1998년 나이키가 벌어들인 순이익은 전해에 비해 반토막이 났다.

───── 나이키는 변했지만...

문제가 예상보다 커지자 나이키는 그제야 정신을 차렸다. 1998년 뒤늦게나마, 나이키는 기업의 사회적 책임 문제를 담당할 '기업책임부

문Corporate responsibility department'을 사내에 신설했다. 이듬해엔 하청 공장의 노동자들이 주당 60시간 이상 일하지 않도록 하는 새로운 규칙을 정했다.

2005년에는 「2004 기업책임 보고서」를 발간해 하청 업체의 운영 현황을 스스로 상세히 공개했다. 나이키의 고백에 따르면 2004년에도 전 세계 나이키 하청 공장의 4분의 1 이상에서 작업 도중 화장실을 못 가게 하거나, 물 마시는 것을 금지하는 등 노동자들에게 신체적·언어적 학대가 자행됐다. 또 이들 공장의 절반 이상이 여전히 노동자들에게 주 60시간을 초과하는 노동을 강요했으며, 10퍼센트 이상의 공장에선 초과근무를 거부하는 노동자들을 처벌했다. 법정 최저임금에 못 미치는 임금을 지급한 공장도 전체의 4분의 1이 넘었다. 나이키는 부끄러운 민낯을 스스로 드러냈다.

나이키는 소비자들의 단체 행동 이후 분명히 변했다. 하청 공장을 관리하는 데 투자금을 늘렸으며, 기업의 사회적 책임에 관심을 기울였다. 이제 나이키의 하청 기업이 되기 위해선 "싸게 만들어 드릴게요."라는 전략 외에 "노동자들을 더 나은 환경에서 일하게 할게요."라는 조건을 제시해야 한다. 세계 최악의 아동노동 착취 기업이던 나이키는 이러한 긴 노력 끝에 그 오명을 벗었다.

나이키의 변화는 칭찬받을 일이다. 하지만 이는 소비자들의 격렬한 반발과 뜨거운 연대가 만들어 낸 작품이다. 만약 세계적인 불매운동이 없었다면 나이키는 지금도 시간당 6센트에 아동들을 착취하고 있을지 모른다. '돈벌이를 최우선으로 삼는 기업은 원래 그런 성질을 지닌다.' 이 말을 쉽게 부정해선 안 된다.

2021년 국제노동기구ILO와 유엔아동기금UNICEF이 발표한 보고서에 따르면, 2020년 노동에 시달리는 아동·청소년(5~17세)의 수가 무려 1억 6,000만 명에 달했다. 전 세계 아동·청소년의 10명 중 1명(9.6퍼센트)이 '먹고살기 위해' 일하고 있다는 의미다. 더 놀라운 사실은 이들 가운데 절반에 이르는 49.4퍼센트가 '건강과 안전, 도덕에 해를 끼치는 위험한 일'을 하고 있다는 점이다.

이게 먼 나라의 일만도 아니다. 2019년 유엔아동권리협약UNCRC 본회의에서는 "한국 기업이 개발도상국 아동의 인권을 침해하고 있다."라는 사실이 폭로됐다. 발표에 따르면 인도네시아에서 팜유 공장을 운영하는 한국 기업들은 3~4세 어린이들에게까지 노동을 강요했다.

한국은 아동노동뿐 아니라 하청 역시 남발하는 나라다. 2018년 충남 태안화력발전소에서 24세 청년 노동자 김용균 씨가 홀로 석탄 운송 설비를 점검하던 중 목숨을 잃어 사회적으로 큰 파문이 일었다. 김용균 씨는 하청 업체 소속 노동자였다. 2012년부터 2016년까지 국내 화력발전소 다섯 곳에서 총 346건의 안전사고가 발생했는데, 그중 97퍼센트가 하청 노동자 업무 중 일어난 것이었다.

하청을 이용해 아동노동을 착취한 나이키의 악행은 절대 잊을 수 없고 잊어서도 안 된다. 그렇지만 나이키는 이후 각고의 노력 끝에 변화했다. 이제 우리는 자신을 돌아봐야 한다. 우리는 나이키가 그랬던 것처럼 충분히 반성하고, 또 충분히 변했는가? 아직도 매년 평균 2,000여 명의 노동자가 일터에서 숨지는 나라에서, 스스로 반드시 묻고 답해야 하는 질문이다.

"전 세계의 사회,
노동 기준에 대한 위협"

_공공의 눈 시상식

갑질의 원조가
여기에 있다

월마트

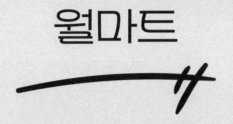

소재지: 미국 아칸소
창립: 1962년
분야: 소매업

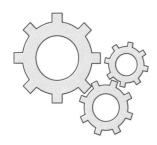

_____ 펀드를 운용하는 건 은행이 아니다

여러분은 혹시 펀드에 가입해 본 경험이 있는가? 펀드는 기업 주식이나 채권 등에 투자해 수익을 내는 금융 상품이다. 이런 투자를 직접할 수도 있다. 하지만 직접 하기엔 금융 관련 지식이나 투자에 쏟을 시간이 충분치 않은 사람이 많다. 그래서 금융기관이 개인 대신 투자해 주는 '펀드'라는 상품이 탄생했다.

펀드에 입금하면 '펀드매니저'라고 불리는 전문가가 자산을 운용해 준다. 물론 펀드매니저는 그 대가로 일정 금액의 수수료를 계좌에서 가져간다. 이게 펀드의 구조다. 만약 어느 날 여러분이 펀드에 가입하고 싶어지면 어디로 가야 좋을까? 가장 빠른 길은 집 근처의 은행을 찾아가는 것일 테다. 거기서 "펀드에 가입하고 싶어요."라고 말하면 은행 창구에 있는 직원들은 매우 친절한 표정으로 당신에게 다양한 펀드 상품을 소개해 줄 것이다.

나 대신 금융 투자를 해 줄 펀드매니저는 어느 회사 소속일까?

'펀드를 은행에서 가입했으니 은행 소속 아닐까?'라고 생각하기 쉽지만, 절대 그렇지 않다. 펀드를 관리하는 회사는 따로 있고, 보통 '○○자산운용'이라는 이름을 지닌다. '삼성자산운용'이나 '미래에셋자산운용' 같은 금융기관이 바로 그 예시다. 은행의 역할은 그저 펀드를 판매하는 일까지다. 자금을 어느 곳에 투자할지, 수익을 어떻게 내는지 등에 관해 은행은 할 수 있는 일이 없다.

펀드와 은행의 관계를 좀 더 쉽게 설명하자면, 우유를 팔긴 하지만 직접 생산하진 않는 마트를 예로 들 수 있다. 같은 이름의 우유를 샀다면 구매처가 이마트든, 홈플러스든 품질은 똑같다. 그러니 우유의 맛과 품질은 '제조사가 매일유업이냐, 서울우유냐'로 구별해야 한다. 펀드 거래에서 마트의 역할을 하는 곳이 바로 은행이다. 은행은 펀드를 팔기만 한다. 내용물을 결정하는 곳은 은행이 아니라 자산 운용사다. 따라서 내 펀드의 수익률, 즉 '우유의 맛'을 결정하는 것도 은행(마트)이 아니라 자산 운용사(제조사)의 실력이다.

여기까지는 쉽게 이해했을 것이다. 그런데 미스터리가 하나 있다. 펀드에 가입하면 그 대가로 우리는 수수료를 낸다. 내가 맡긴 돈의 1~2.5퍼센트를 매년 그들이 챙긴다. 그렇다면 이 수수료는 누가 더 많이 가져갈까? 마트의 역할을 하는 은행일까, 내용물의 품질을 결정하는 자산 운용사일까? 놀랍게도 은행 몫의 수수료는 자산 운용사가 챙기는 수수료의 갑절이나 된다. 이상하지 않은가? 정작 내 돈을 투자해 주는 곳은 자산 운용사인데, 수수료를 더 많이 가져가는 곳은 은행이라니? 은행이 하는 일은 그냥 창구에서 펀드를 파는 것뿐이지 않은가?

이상해 보이지만, 이게 현실이다. 제품을 직접 만드는 곳을 '생산업체'라 칭한다. 그리고 제품을 소비자에게 파는 마트 같은 곳을 '유통업체'라고 부른다. 이 둘의 관계를 들여다보면, 대부분 유통업체가 생산업체를 상대로 압도적인 '갑'이다. 아무리 물건을 잘 만들어 봤자 유통업체가 그 제품을 안 팔아 주면 생산업체는 소비자에게 물건을 팔 길이 막히기 때문이다.

펀드도 마찬가지다. 아무리 수익률이 좋은 상품이라도 은행에서 소개하지 않으면 판매가 막막하다. 사실 사람들은 펀드를 잘 모른다. 그래서 대부분 은행 창구 직원이 권하는 펀드에 가입한다. 생산업체에 해당하는 자산 운용사보다 유통업체에 해당하는 은행이 훨씬 많은 수수료를 챙기는 이유가 여기에 있다. 사정이 그렇다 보니, 대개 유통업체는 태생적으로 갑질에 매우 익숙하다.

유통 업계에는 이런 말이 있다. '진열은 과학이다.' 물건을 어떻게 진열하느냐에 따라 상품의 매출 규모가 크게 달라지기 때문이다. 우리 생활과 가장 밀접한 유통 업체인 마트에서의 상황을 예시로 들어 보겠다.

마트 계산대 앞에 아이들이 좋아할 만한 껌이나 사탕, 음료수가 진열된 모습을 여러분도 본 적 있을 테다. 작은 크기의 상품들이 낱개로 빼곡히 쌓여 계산 줄을 포위하는 듯하다. 이런 배치에는 다 이유가 있다. 마트를 떠나기 직전 아이들에게 "이거 사 줘!"라고 조를 마지막 기회를 주려는 것이 첫 번째 이유다. 그리고 계산대를 코앞에

미국의 한 월마트 매장에서 직원이 상품을 진열하고 있다.

둔 부모의 조급한 마음('계산만 마치면 집에 갈 수 있어!')을 이용하려는 것이 두 번째 이유다. 마음이 급해진 부모에게는 1,000원 대 물건으로 아이와 싸울 여력 따위가 없을 확률이 높으니까. 그래서 이때 대부분 부모는 아이가 원하는 간식거리 등을 사 주고 만다.

이런 이유로 계산대 앞에 배치할 제품을 정하는 일은 제과 업체의 생사가 걸린 중요한 문제가 되기도 한다. 그곳에 롯데제과 제품이 많이 배치되면 롯데제과가 돈을 벌 테고, 해태제과 제품이 더 많이 배치되면 해태제과가 더 많은 돈을 벌 테다. 이 모든 일을 누가 결정하느냐? 바로 마트다. 마트의 결정 하나에 생산업체의 매출이 큰 폭으로 달라진다.

—— **유통 시장의 공룡, 월마트**

생산업체는 유통업체의 한마디에 꼼짝을 못 한다. 유통업체들이 전통적으로 '갑질의 왕국'이라 불리는 이유가 바로 여기에 있다. 우리나라에선 대형 마트와 백화점을 운영하는 그룹인 롯데나 신세계가 이런 갑질로 유명하다. 특히 롯데는 수십 년 전부터 생산업체를 '쥐어짜는' 갑질로 악명을 떨쳤다. 공정거래위원회로부터 불공정 거래를 지적받은 횟수가 너무 많아, 국내 기업 중 '올해의 불공정 거래 1위'라는 불명예도 여러 해 차지했다.

나는 롯데그룹의 갑질을 꽤 자세히 취재했다. 갑질의 정도가 너무 심한 사실을 확인하고 한번은 그들을 프로야구 구단 '롯데 자이언츠'에 빗대어 '롯데 갑질스'라 표현한 적도 있다. 이 문제로 롯데그룹의 항의를 자주 받았고, 하소연("과거엔 그랬지만 요즘 우리는 정말 많이 바뀌었어요.")도 들었다. 하지만 지금 무언가 바뀌었다고 한들 그들이 남긴 갑질의 역사까지 사라지는 건 아니다.

이마트를 운영하는 신세계는 노동조합을 여러 차례 불법적으로 탄압한 바 있다. 특히 2013년에는 '이마트 노조 파괴 공작'이 드러나 큰 충격을 줬다. 이마트는 노조 설립을 방해하고자 '기업문화팀'이라는 조직을 구성했고, 그 아래로 지원본부, 실체파악조, 현장대응조, 채증조, 미행조, 면담조, 자폭조 등을 뒀다고 알려졌다. 무슨 테러리스트 체포 작전인가? 도대체 노조를 파괴하겠다고 해서 '자폭조'까지 둘 이유가 뭔가?

심지어 당시 이마트 각 점포엔 일명 '해바라기팀'이라는 비밀조직이 존재했고, 이 팀 역시 씨앗조(노조 실체 파악 담당)·울타리조(집회 및 시위 대응 담당)·제초조(노조 홍보물 수거 담당) 등 희한한 이름을 가진 노조 파괴 집단을 산하에 뒀다. 유통업체의 갑질은 생산업체에도, 자사 직원들에게도 이만큼 뿌리가 깊고 단단하다.

그런데 이 분야의 진짜 '원조'는 따로 있다. 바로 미국 할인 마트 시장의 독보적 1위, 월마트Walmart가 주인공이다. 월마트는 전 세계 1만 개가 넘는 점포를 보유한 초대형 마트다. 미국 비즈니스지 《포브스》가 선정한 2023년 세계 부자 순위엔 19위 짐 월튼Jim Walton, 20위 롭 월튼Rob Walton, 21위 앨리스 월튼Alice Walton 등 '월튼' 세 사람이 20위권 내외에 포진해 있다. 셋은 모두 월마트 창업자 샘 월튼Sam Walton의 자녀들이며, 그들의 재산을 합친 금액은 우리 돈으로 200조 원을 훌쩍 넘는다.

지난해 월마트의 매출은 약 6,100억 달러, 우리 돈으로 840조 원에 이르렀다. 고작 마트일 뿐인데 총매출액이 삼성전자의 세 배를 넘는다. 이는 미국에서 팔린 식료품 가운데 5분의 1이 월마트의 몫이기 때문이다.

월마트의 제일 큰 강점은 '언제나 싼 가격'이다. 미국에서 유학 중인 한국 학생들 사이엔 "유학생의 일주일 식단은 월마트의 '바이 원 겟 원 프리Buy one, get one free' 상품이 무엇인지에 따라 결정된다."라는 우스개가 있을 정도다. 바이 원 겟 원 프리란 우리로 치면 1 + 1 행사 같은 것인데, 행사 품목은 당연히 월마트가 정한다. 그러니 돈이 많지 않은 유학생이나 미국의 가난한 서민은 월마트가 정해 주는 대로 먹고 마시게 된다. 한마디로 월마트는 유통 업계의 공룡, 갑 중의 갑인 셈이다.

세계 각지의 거대한 월마트 매장이 연일 손님들로 붐빈다.

_____ 월마트의 갑질 경영

이들의 갑질은 우리의 상상을 초월한다. 월마트는 어떻게 해서 물건을 싸게 팔 수 있을까? 그 첫 번째 전략은 바로 '노동자 착취'다. 월마트는 노동조합을 허용하지 않는 기업으로 오랫동안 악명을 떨쳤다. 최저임금 제도를 준수하지 않아서 송사에 휘말린 적도 수차례 있다. 요즘은 좀 나아졌다지만 월마트는 여전히 임금을 짜게 주기로 동종업계에 소문이 자자하다.

두 번째 전략은 '생산업체의 고혈 쥐어짜기'다. 월마트가 생산업체를 괴롭히는 기술은 미국 대형 마트 업계에서 혀를 내두를 정도다. 만약 진열대에 특정 생산업체의 상품을 전시했는데 팔리지 않았다면 월마트는 재고 상품의 소유권을 생산업체로 넘겨 버린다. 물건이 팔리지 않은 책임을 모조리 생산업체에 뒤집어씌우는 것이다.

월마트는 생산업체와 거래할 때도 '우리가 이 물건을 팔아서 이 정도의 이익은 반드시 나야 한다.'라는 내용의 계약서를 작성한다. 계약한 만큼 이익이 나지 않으면 생산업체는 벌금을 문다. 이런 갑질 앞에서 생산업체는 속수무책이다. 한번 밉보이면 월마트에 상품을 전시할 기회조차 잃기 때문이다.

이야기를 마치며 세계경제포럼WEF(일명 '다보스포럼')에서 2005년부터 2015년까지 11년 동안 진행한 흥미로운 시상식을 소개하려고 한다. 정식 명칭은 '공공의 눈' 상Public Eye Award 시상식인데, '최악의 기업 시상식' 혹은 '악덕 기업 시상식'으로 더 잘 알려진 그것이다. 그린피스 등 시민 단체가 연대해 만든 이 시상식은 말 그대로 1년간 세계에서 가장 엉망으로 경영한 기업을 선정한다. 월마트는 케냐와 타이 등지에서도 이런 악덕한 갑질을 자행하다가, 결국 2005년 첫 번째 공공의 눈 시상식에서 최악의 기업으로 선정되는 불명예를 안았다.

"'노동의 우버화'와의 전쟁은 아직 끝나지 않았다."

_오픈소사이어티재단

Request a ride

Request now   Schedule for later

노동자인데
노동자가 아니다

우버테크놀로지스

UBER
TECHNOLOGIES

소재지: 미국 캘리포니아
창립: 2009년
분야: 운송 및 승차 공유

——— 인류는 어떻게 발전하는가

오스트레일리아의 철학자 피터 싱어Peter A. D. Singer는 "인류의 발전은 기술의 발전과 다르다."라고 말한 바 있다. '인류의 발전'이란 도대체 무엇인가? 우체통으로 주고받던 편지가 스마트폰으로 간단히 보낼 수 있는 메시지가 된 일인가? 아니면 마부가 끌고 다니던 마차 대신 전기 자동차가 거리를 활보하는 일인가? 물론 그 또한 인류 발전의 일부지만, 아무리 생각해도 그런 것들이 본질이라는 생각은 들지 않는다. 이 발전들이 우리의 삶을 조금은 편하게 해 줄지언정, 그를 두고 감히 '인류의 발전'이라고 부를 순 없다는 이야기다.

그래서 싱어는 말한다. "인류의 발전이란 바로 도덕적 권리와 공감의 확대"라고. 이게 무슨 뜻일까? 먼 옛날, 한 명의 인간으로서 존중과 인정을 받을 도덕적 권리는 온전히 왕의 몫이었다. 그런데 시간이 흐르면서 왕만이 누리던 이 권리는 점차 귀족들에게도 주어졌고, 그러다가 일반 시민에게까지 옮겨 갔다. 한 사람만이 권력처럼 누리

던 도덕적 권리가 여러 사람에게 확산하는 일, 싱어에 따르면 이것이
바로 인류의 발전이다.

한편 사람들은 자신이 누리는 권리를 너무 당연하게 생각하곤 한
다. 예를 들어 우리는 주말에 쉬는 것을 당연하다고 여긴다. 하지만
그건 그렇게 간단한 이야기가 아니다. 영국의 수학자이자 철학자 버
트런드 러셀Bertrand A. W. Russell은 그의 평론집 『게으름에 대한 찬양』에서
이렇게 말했다.

> 내가 어렸을 때, 도시 노동자들이 막 투표권을 따낸 직후였는데 몇
> 몇 공휴일이 법으로 정해지자 상류층에서 대단히 분개했다. 나는 한
> 늙은 공작부인이 한 말을 아직도 기억한다.
> "가난뱅이들이 휴일에 뭘 한다는 거지? 그 사람들은 '일'을 해야만
> 한다구."
>
> 『게으름에 대한 찬양』, 버트런드 러셀 지음, 송은경 옮김, 사회평론, 2005, 23쪽

다른 이야기를 하나 더 해 보자. 만 18세만 넘으면 누구든 선거 날
투표권을 행사하는 것이 지금의 우리에겐 너무도 당연하지만, 이 역
시 역사를 거슬러 오르면 마냥 당연한 일만은 아니다. 선거권이 일반
시민에게 주어진 것은 1789년 프랑스대혁명 이후의 일이다. 성공한
혁명이니 사람들의 희생도 적었으리라 생각하는가? 그렇지 않다. 정
확한 집계는 어렵지만 혁명을 전후한 수년 동안 사망자는 수십만 명
에 이르렀다. 그리고 목숨을 잃은 이의 80퍼센트 이상은 평민이다. 오
늘날의 투표권은 그 수십만 명의 목숨 위에서 행사되는 것이다.

그렇다면 프랑스대혁명으로 마침내 프랑스의 모든 시민이 투표권을 갖게 됐을까? 대혁명 이후 투표권은 성인 남성에게만 주어졌다. 유럽에서 여성이 투표권을 갖게 된 것은 고작 100년 전의 일이다. '민주주의의 본토'임을 자랑하는 영국에서조차 1928년에야 남성과 동등한 수준의 투표권이 21세 이상 여성에게 부여됐다. 이 투표권을 쟁취하기 위해 수많은 여성운동가가 투쟁을 거듭했고, 구금당한 운동가들은 단식을 감행했다. 자칭 '신사의 나라' 영국의 교도관들은 단식을 벌이는 여성운동가들의 입에 호스를 꽂아 음식물을 강제로 주입하는 만행을 저질렀다. 오늘날 우리가 남녀 차별 없이 투표할 수 있는 것은 이들의 목숨을 건 처절한 싸움 덕분이다.

노동자의 권리도 마찬가지다. 매년 5월 1일은 노동절(우리나라는 '근로자의 날'이라고 부른다)이다. 거의 모든 나라의 노동자들이 이날 하루를 쉰다. 노동절의 기원은 1886년 5월 미국 노동자 총파업(헤이마켓 사건)인데, 이 파업에 무려 34만 명이 넘는 노동자가 참여했고 그 가운데 여덟 명이 체포돼 일곱 명이 사형선고를 받았다. 오늘날 노동자는 그들의 희생 덕에 5월 1일 하루 휴식을 취한다.

한편 산업혁명 초창기, 노동자들은 하루 14~16시간 일하고 요즘 돈으로 1,000원 남짓한 일급을 받았다. 하지만 수많은 노동자의 궐기와 투쟁을 통해 노동자들에게도 회사에 저항할 권리가 생겼다. '노동 3권'이라 불리는 단결권·단체교섭권·단체행동권이 그것이다. 권리가 생겨나면서 노동자들은 노동조합을 만들고(단결권), 노동조합으로서 회사 측과 임금 협상을 할 수 있게 되었으며(단체교섭권), 회사의 부당한 처우에 맞서 싸울(단체행동권) 힘도 갖게 됐다. 이 역시 과거에는 누릴 수 없었으나 지금은 노동자라면 누구나 가져야만 하는 권리다. 이게 바로 인류의 발전이라는 것이 싱어의 주장이다.

───── 노동자인데 노동자가 아니다?

그런데 21세기 들어 이런 노동자의 권리를 매우 귀찮게 여기는 자본가들이 생겨났다. '노동조합이 결성되면 시끄러워지고, 돈도 많이 줘야 한다.'라고 생각하는 자본가들이 늘어나면서 노동자들을 '노동자가 아닌 자'로 만들려는 각종 시도가 시작된 것이다.

노동자를 노동자가 아닌 자로 만든다는 이야기가 도대체 무슨 뜻일까? 쉽게 이야기하자면 이렇다. 고속도로를 달리다 보면 물건을 운반하는 대형 트럭을 종종 발견한다. 그 트럭의 운전기사는 분명 회사 측의 의뢰를 받아 물건을 운반하는 노동자다. 그런데 놀라운 사실은 이들의 법적 신분이 노동자가 아니라는 데 있다. 이들은 대부분 자기 사업체를 가진 '개인사업자'로 분류된다. 한마디로 '트럭을 운전하는 사장님'이라는 뜻이다. 그리고 그 '사장님'은 회사와 계약을 맺어 일한다. '언제까지 얼마만큼의 물건을 운반하는 대가로 얼마의 금액을 받는다'는 식이다.

도대체 왜 이렇게 일을 복잡하게 만드는 걸까? 어차피 회사의 의뢰를 받아 회사 물건을 운반해 주는 사람들이니 그 회사의 노동자로 고용하면 그만일 텐데! 이유는 간단하다. 그들로부터 노동자의 지위를 박탈하기 위해서다. 그래야만 노동조합이다 뭐다 하며 '시끄러운

2015년 뉴욕의 한 운전자가 우버 차량임을 표시하고 운행하고 있다.

일'을 벌일 수 없기 때문이다.

이런 일을 꾸미는 데 있어 정점에 올라선 회사를 하나 소개한다. 바로 이번 호의 주인공이자 일명 '공유 경제'의 본산으로 불리는 우버 테크놀로지스(이하 우버)의 이야기다.

공유 경제란 물품을 소유의 개념이 아닌 서로 빌려주고 빌려 쓰는 개념으로 인식하며 이에 기반한 경제활동을 하는 방식을 뜻한다. 우버는 일반 차량 소유자들에게 "당신들 차를 이용해서 택시처럼 운전기사 노릇을 해 주세요."라고 요청한 뒤, 그들만의 정보 기술 플랫폼을 활용해 손님과 기사를 연결해 주는 서비스를 주력 사업으로 한다.

나라마다 정책이 조금씩 다르긴 하지만 우버에서 운전기사가 되기는 무척 쉽다. 그 흔한 면접도 보지 않는다. 인터넷을 통해 운전면

허증 번호와 자동차 등록 번호, 보험 가입 여부를 등을 입력하면 절차 대부분이 끝난다. 심지어 자기 차가 없어도 된다. 우버에서 차를 대여해서 일할 수도 있기 때문이다.

그런데 우버에서 운전기사로 일하기 위해선 반드시 개인사업자 등록이 되어 있어야 한다. 이게 무슨 뜻이냐면 우버 운전기사들은 우버에서 고용한 노동자가 아니라(앞에서 언급한 트럭 기사들처럼) 각자 사업을 진행하는 사업자, 즉 사장과 같다는 뜻이다. 이 말을 다시 한번 풀이하면 우버는 우버를 위해 일하는 운전기사를 '노동자가 아닌 자'로 취급한다는 이야기다. 이 때문에 우버 운전기사들은 현대사회의 노동자라면 누구나 가질 수 있고, 가져야만 하는 노동3권을 갖지 못한다.

───── 공유 경제라는 이름 뒤의 실체

우버 운전기사들은 회사에 소속된 노동자가 아니기에 차량 연료비도 당연히 본인이 부담해야 한다. 노동자라면 응당 받아야 하는 건강보험이나 실업보험(노동자가 해고됐을 때 일정 기간 소득을 보장하는 보험) 혜택도 받을 수 없다. 하는 일로 보면 전형적인 운전 노동자인데, 노동자로서 누려야 할 권리는 하나도 갖지 못하는 것이다. 그렇다고 해서 개인사업자의 권리를 누리지도 않는다. 개인사업자라면 자신이 제공하는 서비스의 요금을 스스로 결정할 수 있어야 하지만, 모든 요금 체계는 우버가 마련한 지침에 따라 결정된다.

이런 이유로 우버 운전기사들은 우버가 법을 위반했다며 전 세계에서 여러 차례 소송을 벌인 바 있다. 2022년《뉴욕타임스》의 보도에 따르면 소송을 건 운전기사 가운데 한 명인 타제 길은 "(우버는) 운전기사를 개인사업자로도, 노동자로도 취급하지 않는다. 기사들은 고립무원의 상황에 놓여 있다."라고 목소리를 높였다.

미국의 사회학자 알렉산드리아 J. 래브넬Alexandrea J. Ravenelle이 출간한 『공유 경제는 공유하지 않는다』라는 책이 있다. 여기에 나온 우버 노동자의 현실을 살펴보자.

> 28세 바란은 대학에 다니면서 우버와 리프트(승차 공유 서비스) 기사로 일하고 있다. (…) 바란도 주당 400달러에 그런 차량을 렌트해서 몰고 있다. "일주일에 최소 사흘은 일해야 차량 유지비를 댈 수 있어요. 이틀은 렌트비를 벌고 하루는 유류비 같은 부대 비용을 버는 거죠. 그 후에 버는 돈은 다 기사의 몫입니다."
>
> (…) 그의 표현을 빌리자면 그것은 '현대판 노예'가 되는 '나락'으로 떨어지는 길이다. 하지만 일하기 위해 돈을 써야 하는 지금의 상황은 이미 100년도 더 전에 금지된 고용 노예(미국으로 건너오는 비용을 제공받고 정해진 기간 동안 노예로 일하는 것)와 비슷하다는 인상을 지울 수가 없다.
>
> 『공유경제는 공유하지 않는다』, 알렉산드리아 J. 래브넬 지음, 김고명 옮김,
> 롤러코스터, 2020, 17~18쪽

더 황당한 것은 그런 노동환경에서 일하다가 운전기사가 다치는 등의 사고가 나도 우버는 아무런 책임도 지지 않는다는 사실이다. 왜

냐고? 그들은 우버에 소속된 노동자가 아니니까! 이와 같은 제도 아래 우버는 수만 명의 노동자를 단기간 고용했다가, 경기가 안 좋아지면 얼마든지 이들을 해고할 수도 있다. 노동권이 없는 노동자들은 노조를 결성하지 못하니 이에 항의하는 일조차 원천적으로 불가능하다. 우버는 이런 고용 형태가 4차 산업혁명 시대에 매우 적합한 것처럼 선전한다. 하지만 이는 노동자들의 생계를 전혀 보장하지 않은 채 노동자로서의 모든 권리를 박탈하는 약탈적 고용 방식일 뿐이다.

2009년 창립한 우버는 전 세계 약 70개 국가, 무려 1만 개가 넘는 도시에서 서비스를 운영하는 '괴물 기업'으로 성장했다. 게다가 우버가 열어젖힌 공유 경제 기반 고용 체계는 이제 전 세계 자본이 가장 선호하는 방식이 돼 버렸다. 개인 소유의 숙박 시설을 중개해 주는 '에어비앤비', 심부름할 사람을 연결해 주는 '태스크래빗' 등 수많은 공유 경제 플랫폼이 전 세계 곳곳에서 성업하고 있다.

하지만 우버를 비롯한 그 어떤 회사도 이들의 회사를 위해 일하는 노동자들이 '노동자'임을 인정하지 않는다. 노동자를 노동자라 부르지 못하는 이 현실은 아버지를 아버지라 부르지 못하고 형을 형이라 부르지 못하는 홍길동의 처지와 닮았다. 수백 년 동안 싸우면서 획득한 노동자들의 권리를 우리가 '인류의 역사적 진보'라고 부른다면, 이들 기업은 지금 현대사회에 결코 있어서는 안 될 역사의 퇴보를 자행하고 있는 셈이다.

"인간에게 좋은 곳이
아니다."

_폭스콘 노동자 인터뷰, 《가디언》

노동자를 죽음으로 내몬
아이폰 생산 공장

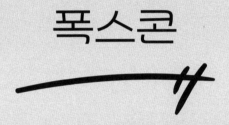

소재지: 대만 타이베이
창립: 1974년
분야: 전자 제품

_____ **두발 자유화를 외치는 노동자**

이제는 잘 모르는 독자들도 있겠지만 우리나라는 1980년대 초반까지 중고등학생의 머리 길이를 단속하던 나라다(2000년대 초반에도 학교 재량으로 단속하는 경우가 많았다). 남학생이건 여학생이건 머리가 기준보다 조금만 길면 선생님들이 직접 가위와 바리캉을 들고 머리를 밀어 버리던 '황당한' 시절이 있었다.

학생들의 머리 모양은 1982년 법적으로 자유화가 됐다. 하지만 그로부터 5년이나 지난 1987년까지도 당시 국내 최고의 기업이던 현대자동차의 작업 현장에서는 경비원들이 출근하는 노동자들의 복장을 검사하고 폭력을 마구 행사했다. 두발 규정에 조금 어긋나기라도 하면 20~30대 성인 노동자들의 머리를 바리캉으로 밀어 버리기까지 했다. 이와 같은 일이 일상적으로 벌어지는 곳을 정말 자유민주주의 사회라고 부를 수 있을까? 최소한의 인권이 보장된 사회라고 볼 수 있는 것일까? 당시 상황을 단적으로 보여 주는 다음의 글은 1987년 현대자동차에서 근무한 노동자가 기록한 것이다.

> 견장에 호루라기 찬 경비들이 출근하는 노동자들을 검지로 (가리키곤) "야! 너 이리 와 봐. 복장이 불량하다. 명찰을 왜 안 달았어?"라며 워커 발로 정강이를 찼지만 아무런 대꾸도 하지 못하는 노동자는 분을 삭이며 일터로 들어갔습니다. 머리가 조금이라도 길면 바리캉으로 강제 삭발을 당하고 '이 새끼, 저 새끼' 하는 욕을 먹었습니다.
>
> 현장은 더욱 가관이었습니다. 몸이 아파도 조퇴와 월휴(월차)는 불가하며, 하루 물량을 채우지 못하면 퇴근은 언제가 될지 모르고, 불량 하나만 발생하면 (날아오는) 온갖 욕설과 구타까지 감내하며 아픈 몸을 이끌고 남들이 말하는 대한민국 최고 기업 현대자동차에 다녔습니다.

'설마, 진짜 저랬겠어? 좀 과장된 이야기 아니야?'라는 의문을 품은 사람들이 있을 수도 있다. 하지만 이 이야기는 엄연한 사실이다. 1987년 7~9월, 노동자들이 대거 길거리로 몰려나와 엄청난 투쟁을 벌인 적이 있었다. 대한민국 현대사에서 '노동자 대투쟁'으로 불리는 시기다. 이 대투쟁의 불씨가 피어난 곳은 울산이었고, 가장 먼저 거리로 나선 이들은 현대그룹 노동자들이었다. 그리고 노동자 대투쟁을 주도한 현대자동차 노동자들이 세상을 향해 가장 먼저 외친 구호는 "임금을 올려 달라!"가 아니라 "두발을 자유화해 달라!"였다. 그들에게 임금 인상보다 더 급한 것은 바로 인간다운 삶이었다.

——— 노동자는 죽어도 되는 존재인가

이제 우리는 새로운 질문을 마주하게 된다. '도대체 현대그룹이 노동자들에게 무슨 일을 저질렀기에, 1987년 노동자들은 제일 먼저 인간다운 삶부터 찾고자 했을까?'

지금은 별개로 분리되었지만 배를 만드는 현대중공업과 자동차를 만드는 현대자동차는 원래 한 그룹의 계열사였다. 현대중공업·현대미포조선 등 현대그룹 조선업의 역사는 울산조선소에서 시작되는데, 이곳엔 한국 현대사에 남은 '전설' 하나가 있다. 1972년 3월부터 1974년 6월까지, 27개월 동안 26만 톤급의 대형 유조선을 완성한 일이다. 26만 톤급 유조선이 어느 정도의 규모냐 하면 그 당시 언론이 전장全長 약 345미터, 높이 27미터, 상갑판 넓이가 축구장의 세 배나 되는 이 배를 두고 "바다 위에 떠 있는 산과 같다."라고 할 정도였다.

정말 대단한 일을 해냈다며 감탄할 게 아니다. 딱 봐도 엄청난 무리인 이 일을 해내기 위해 노동자들이 얼마나 희생됐을지 짐작할 수 있기 때문이다. 그 당시 울산조선소의 건설 구호는 '빨리, 더 빨리'였다. 27개월 만에 26만 톤짜리 유조선을 완성한다는 대기록 달성을 위해 노동자들이 치러야 했던 대가는 혹독했다. 1973년 한 해 동안 조선소에서 1,894건의 산업재해 사고가 일어난 가운데 34명이 목숨을 잃었다. 1974년에도 7월까지만 무려 1,566건의 산재 사고가 발생했고 25명이 숨졌다.

현장에 있던 한 노동자는 자신이 정말 미친 듯이 일했으며, 최고 40시간까지 잠 한숨 못 자고 용접을 한 적도 있다고 돌이켰다. 정신

1974년 현대중공업 조선소 준공식 겸 1, 2호선 명명식의 장면.

이 멍한 상태에서 이동하다가 떨어져 죽은 사람도 수두룩했지만, 유가족이 손에 쥔 건 몇 푼의 보상금이었다고 치를 떨었다. 그러나 당시 현대그룹의 총수 정주영은 현대의 직원들이 '월화수목금금금'처럼 일한다고 자랑스럽게 말한 바 있다.

《중앙일보》에 2007년 보도된 내용에 따르면 현대미포조선 회장을 지낸 이정일은 울산조선소에서 사고가 많이 난 데는 안전시설이 미비한 문제도 있었지만, 무엇보다 노동자들의 정신 상태가 해이했기 때문이라는 황당한 해석을 내놓았다. 한편 현대미포조선 사장을 지낸 백충기는 그때 하루 16시간 정도 작업을 했다고 증언했다. 직원들은 심리적으로 상당한 압박을 느끼고 있었고, 그 가운데 도장(배에 색을 칠하는 작업) 분야를 담당한 신입 사원 한 사람이 어느 날 '업무에 역부족을 느끼고 책임감을 통감한다.'라는 내용의 유서를 써 놓고 자살했다며 상황을 회고했다. 그 당시 울산조선소는 노동자의 목숨을 그야말로 파리 목숨처럼 생각한 것이다.

—— 애플, 높은 영업이익률의 비밀

대만 기업 가운데 '폭스콘Foxconn'이라는 이름의 회사가 있다. 1974년 대만 기업가 궈타이밍郭台銘이 설립한 홍하이플라스틱이 이곳의 모태라, 대만에서는 지금도 홍하이정밀공업이라는 이름으로 알려져 있다. 그들은 중국에 큰 규모의 공장을 두고 있는데, 이렇게 해외에서 활동하는 기업을 자회사 형식으로 독립시켜 폭스콘이라는 이름을 붙였다.

폭스콘은 세계적으로 유명한 전자 회사들로부터 주문을 받아 완제품이나 부품을 생산한다. 구글, 아마존, 아이비엠, 인텔, 마이크로소프트 등 글로벌 기업의 제품을 주로 생산하며 최대 고객은 바로 미국의 전자 회사 애플Apple이다. 중국에서만 100만 명이 넘는 노동자를 고용하고 있는 어마어마한 규모의 회사 폭스콘을 알려면 그들의 최대 고객인 아이폰 제조사 애플의 실태를 먼저 살펴볼 필요가 있다.

여러분은 영업이익률이라는 단어를 아는가? 쉽게 말해 1만 원어치 물건을 팔면 회사가 얼마를 벌어들이냐를 백분율로 환산한 개념이다. 영업이익률이 높다면 그 회사의 실적이 좋다는 뜻이다. 한국을 대표하는 기업인 삼성전자의 영업이익률은 10퍼센트를 밑도는 수준이다. 한때 영업이익률 20퍼센트를 넘기며 엄청난 돈을 쓸어 모은 적도 있었지만 2023년 연간 영업이익률은 2.5퍼센트까지 하락했다.

한편 애플의 영업이익률은 30퍼센트에 이른다. 1만 원어치 물건을 팔면 3,000원을 가져간다는 이야기다. 애플이 이처럼 어마어마한 영업이익률을 기록할 수 있는 이유는 제조 공장을 가지고 있지 않기 때문이다. 애플은 제품의 설계와 디자인, 영업과 판매만을 담당하며 생산은 외국 공장에 하청을 준다. 그리고 그 외국 공장의 노동자들에게는 그야말로 쥐꼬리만큼의 임금을 지급한다.

이 챕터에서 소개할 폭스콘 노동자 자살 사태가 벌어지던 2010년, 애플은 아이폰 한 대의 판매가 중 무려 58.5퍼센트를 수익으로 가져갔다. 반면에 폭스콘 중국 공장의 노동자에게 돌아가는 비중은 고작 1.8퍼센트에 불과했다. 쉽게 말해 애플의 엄청난 영업이익은 저임금 노동자 착취에서 비롯됐다는 이야기다.

——— 땅에 떨어진 나사가 된 노동자

애플은 폭스콘에 '높은 품질의 제품을 저렴한 가격에 신속하게 만들어 내라'는 무리한 요구를 던졌다. 그리고 폭스콘은 이 요구에 맞춰 철저하게 노동자들을 착취했다. 홍콩이공대학교 사회학과 조교수 제니 챈Jenny Chan, 미국 코넬대학교 및 컬럼비아대학교 선임 연구원 마크 셀든Mark Selden, 홍콩대학교 사회학과 교수 푼 응아이Pun Ngai 등 세 명의 저자가 2020년 발간한 책 『아이폰을 위해 죽다: 애플, 폭스콘, 그리고 중국 노동자의 삶』이라는 책에는 다음과 같은 사례가 나온다.

2010년 3월 17일 오전 8시경, 17세 노동자 톈위는 중국 광둥성 선전의 폭스콘 공장 기숙사 4층에서 스스로 목숨을 끊기 위해 뛰어내렸다. 톈위는 애플 생산 라인에서 글라스 스크린에 흠집이 있는지 확인하는 일을 했는데 매일 오전 7시 40분에서 오후 7시 40분까지 저녁도 거른 채 노동해야 했다. 노동을 마치면 매일 강제로 근무 면담에도 참석했다. 휴일은 한 달에 고작 1~2일. 그런데도 그가 손에 쥘 수 있는 월급은 1,400위안(우리 돈으로 약 26만 원)에 그쳤다. 견디다 못한 톈위는 결국 자살을 기도했다.

톈위만이 아니다. 같은 해 중국 폭스콘 공장에서는 무려 열여덟 명의 노동자가 자살을 시도했고 이 가운데 열네 명이 목숨을 잃었다. 네 명은 살아남았지만 중상을 입었다. 이들은 모두 17~25세밖에 되지 않았다. 이른바 '폭스콘 노동자 연쇄 자살 사건'이다. 그들이 남긴 인터뷰와 글의 내용은 처참하기 짝이 없다.

폭스콘에서는 노동자가 일하는 도중 10분 이상 화장실에 가면 구두 경고를, 잡담하면 서면 경고를 받으며 근무시간 동안 대화·웃음·취식·수면 금지가 원칙이다. 노동자들은 '아이팟 시티'라 불리는 공장에서 성수기 동안 일주일에 6~7일을 출근해 하루 12~15시간씩 일했다. 이들에게 죽음은 자신의 존재를 드러낼 유일할 방법이다. 죽음을 통해 절망만이 가득했던 삶을 증명하는 것이다. 자살로 사망한 폭스콘 노동자 가운데 한 명인 쉬리즈는 폭스콘의 노동자들이 "생산 라인 옆에 쇠처럼 붙어 서서, 두 손을 날 듯이" 움직이다가, 땅에 떨어진 나사처럼 누구의 관심도 끌지 못하고 떨어져 죽어 갔다며 슬픈 심경

해골이 그려진 아이패드 모형을 들고 시위 중인 중국 대학생들.

을 시로 남기기도 했다.

이 얼마나 처참한 이야기인가? 그런데 노동자들이 처한 이 슬픈 현실을 폭스콘은 철저히 비웃었다. 노동자들이 잇따라 스스로 목숨을 끊자 폭스콘이 대책이랍시고 내놓은 것은 기숙사 창문의 쇠창살, 건물 사이의 자살 방지 그물이었다. 심지어 임금 인상이나 노동자 권리 보호 방안을 찾는 대신 악령을 물리친다며 공장에 승려들을 데려오기도 했다. 노동자에게 '자살 금지 서약서'에 서명도 시켰다.

인간을 인간으로 취급하기를 거부한 이 비열한 회사는 여전히 아이폰을 생산하고 있다. 폭스콘은 물론, 사태를 방관하고 있는 애플은 과연 책임에서 자유로운가? 애플이 누리는 놀라운 영업이익 뒤에서 하청 노동자들의 목숨이 이처럼 허망하게 사라지고 있다는 사실을 우리는 잊지 말아야 한다.

"노동자들은 여전히
목숨 걸고 옷을 만든다."

_《경향신문》

রানা প্লাজার হত্যাকান্ডে জড়িত
সোহেল রানা সহ সকল
আসামীদের জামিন বাতিল
করে দৃষ্টান্তমূলক শাস্তির

실과 천이 아니라
피로 짠 옷을 만들다

소재지: 스웨덴 스톡홀름
창립: 1947년
분야: 패션 소매업

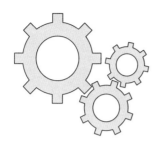

───── **자유무역 이론의 발자취**

자유무역 이론은 나라 간 아무런 규제 없이 자유롭게 무역을 하면 모든 나라가 이득을 본다는 주장을 기반으로 한다. 경제학의 아버지로 불리는 영국 경제학자 애덤 스미스Adam Smith가 기초를 닦고 또 다른 경제학자인 데이비드 리카도David Ricardo가 꽃피웠다. 우선 스미스의 절대우위론을 살펴보자.

A와 B라는 나라가 있다. 두 나라 모두 반도체를 만들고 물고기를 잡는다. 기술이 발달한 A에선 반도체 1개를 만드는 데 1시간이 걸리지만, B는 기술력이 부족해 9시간이나 걸린다. 반면에 A의 국민은 물고기 1마리를 잡기까지 9시간이 필요한데 B의 국민은 어업에 능해서 물고기 1마리는 1시간 만에 뚝딱 잡는다. 만약 이들이 무역하지 않고 자기 나라의 힘으로만 반도체 1개와 물고기 1마리씩을 가지려면 두 나라 모두 10시간(A는 반도체 1시간+물고기 9시간=10시간 소요, B는 물고기 1시간+반도체 9시간=10시간 소요)은 들여야 한다.

이런 상황에서 두 나라가 가장 효율적으로 반도체와 물고기를 얻는 방법이 바로 자유무역이다. A는 물고기 잡기를 포기하고 반도체만 2개 만든다(2시간 소요). 반대로 B는 반도체 생산을 포기하고 물고기만 2마리 잡는다(역시 2시간 소요). 그런 다음 서로 반도체와 물고기를 하나씩 맞바꾸면 두 나라 모두 2시간만 들여서 반도체 1개와 물고기 1마리를 가질 수 있다. 이것이 스미스의 절대우위론이다.

이 이론을 발전시킨 것이 리카도의 비교우위론이다. 앞서 언급한 경우처럼 각 나라가 하나라도 확실히 잘하는 분야가 있다면 모르지만 그렇지 않다면 어떻게 될까? 예를 들어 이런 것이다.

반도체도 물고기도 모두 A가 B보다 더 효율적으로 잘 만들고 잘 잡는 상황이다. A가 반도체를 1시간 만에 만들 수 있으므로 10시간이 걸리는 B에 비해 10배 더 효율적이고, A가 물고기도 4시간 만에 잡으니 8시간이나 걸리는 B보다 2배는 더 효율적이다. 이런 경우는 무역할 필요가 없을까?

그렇지 않다. 리카도는 이런 상황에서도 자유무역이 두 나라 모두에게 이익이라고 주장한다. A의 힘만으로 반도체와 물고기를 하나씩 얻으려면 5시간(반도체 1시간+물고기 4시간)이 든다. 같은 경우 B는 18시간(반도체 10시간+물고기 8시간)을 들여야 한다. 여기에 자유무역을 적용해 보자. A는 물고기를 잡는 일보다 훨씬 적은 시간이 드는 반도체만 2개 만들고(2시간 소요), B는 반도체 생산보다는 그나마 사정이 나은 물고기만 2마리를 잡는다(16시간 소요). 그런 다음 두 나라가 반도체와 물고기를 하나씩 교환하면 A는 2시간, B는 16시간만 써서 반도체와 물고기를 갖게 된다. 역시 무역을 하지 않을 경우(A는 5시간, B는 18시간 소요)보다 훨씬 효율적이다.

그럴싸한가? 당연하다. 자유무역 기반인 분업이 효율적이라는 것은 경제학이 발전한 이래 밝혀진 가장 분명한 사실 가운데 하나이기 때문이다. 그런데 이 이론에는 명백한 약점이 하나 있다. 만약 이 이론대로 현실이 이뤄진다면 A는 평생 반도체만 만들고 B는 평생 물고기만 잡는다. 그리고 대체로 A는 선진국, B는 개발도상국인 경우가 많다. 그렇다면 B는 선진국으로 도약할 기회를 언제 얻나?

—— 한국을 떠난 의류 산업

자유무역 이론은 영국이 세계 방방곡곡에 식민지를 건설해 제국을 완정하던(완전히 갖추던) 때 등장했다. 이론 발전의 주역인 스미스와 리카도 역시 영국인이므로 선진국 혹은 지배국의 시각으로써 자유무역 이론을 해석했을 법하다. 이런 배경을 지닌 자유무역이 효율성 면에서는 뛰어날지 몰라도 개발도상국이 선진국으로 발전할 길을 막는 일종의 진입 장벽 노릇을 한단 사실은 간과해선 안 되는 부분이다.

실제 자유무역 이론이 세계적으로 확산한 이후 개발도상국에서 선진국으로 변모한 나라는 거의 존재하지 않는다. 왜냐하면 개발도상국은 줄곧 노동 집약적인 산업만 담당해야 했기 때문이다. 제2차 세계대전 이후 이 진입 장벽을 넘어 선진국으로 도약한 나라는 꼭해봐야 우리나라와 일본, 독일 정도다. 게다가 일본과 독일은 제2차 세계대전 때 폐허가 돼서 그렇지 사실상 그전부터 선진국이었다. 냉정히 말해 20세기 이후 자유무역 세상에서 선진국의 반열에 오르는 데 성공한 개발도상국은 우리나라뿐이다.

우리나라는 6·25전쟁 직후 오징어와 텅스텐을 수출하던, 1인당 국민소득 세계 109위의 저개발국이었다. 그러다가 1960년대에 의류 산업이 발전하기 시작했다. 의류 산업, 그 가운데서도 천을 짜고 그 것을 바느질로 꿰매는 생산업은 엄청난 노동집약적산업이다. 그래서 인건비가 싼 나라들이 이런 산업을 주로 맡는다. 한마디로 전형적인 '후진국 산업'이라는 이야기인데, 우리나라는 1970년대 홍콩, 타이완 과 함께 세계 3대 의류 수출국으로 꼽혔다.

그러다가 1970년대 후반부터 한국은 홍콩, 타이완, 싱가포르와 함 께 '아시아의 네 마리 용'으로 불릴 정도로 급격한 경제성장을 이뤘 다. 노동자들의 인건비도 당연히 올랐다. 더 이상 '물고기만 잡는 나 라'의 역할을 하기 어려운 시기가 도래한 것이다. 이때부터 의류 생산 업은 서서히 한국에서 중국, 인도, 방글라데시 등 인건비가 싼 지역으 로 옮겨졌다. 지금 의류 생산업이 가장 발달한 곳이 바로 이들 지역 이다.

_____ **끔찍한 붕괴 사고의 진실**

2013년 4월 24일, 방글라데시의 수도 다카 인근 지역인 사바르에서 지상 9층짜리 빌딩 '라나플라자Rana Plaza'가 무너져 내렸다. 이 사고로 무려 1,136명이 목숨을 잃고 2,500명 이상이 다쳤다. 이전까지 건물이 무너진 사고의 사망자 수는 1995년 우리나라에서 발생한 삼풍백화점 붕괴 사고가 최다였다(502명). 라나플라자 사고는 이 기록을 뛰어넘어 세계 최악의 건물 붕괴 사고로 기록됐다.

주목할 점은 무너진 9층 건물의 1~2층을 제외한 나머지 모든 층에서 의류를 제조하고 있었다는 사실이다. 앞서 언급했듯 방글라데시는 중국, 인도와 함께 의류 생산업이 가장 발달한 나라 가운데 하나다. 그리고 그곳의 노동자들은 한 달에 우리 돈으로 4만 원도 안 되는 급여를 받으며 살인적인 노동에 시달렸다.

심지어 붕괴 하루 전 라나플라자 건물에 심한 균열이 발견되어 경찰은 입주민들의 대피를 권고했다. 1~2층의 은행과 상점은 권고를 받아들여 사고 당일 문을 닫았지만 수천 명의 노동자가 일하던 의류 공장들은 꿈쩍도 하지 않았다. 공장주들은 노동자의 대피를 막고 계속 일을 시켰다. 그 결과가 바로 1,136명이 목숨을 잃은 끔찍한 참사다. 사고 현장의 노동자들이 만든 수많은 옷가지는 실과 천으로 짠 것이 아니라 그들의 피로 짠 것이나 다름없다.

───── 패스트패션, 인류를 위협하다

라나플라자 붕괴 사고는 절대 우연히 일어난 일이 아니다. 왜냐하면 의류 산업은 필연적으로 노동자가 착취당할 수밖에 없는 구조에서 발전하기 때문이다. 노동자의 임금이 저렴할수록 더 많은 옷을 생산할 수 있다. 유행은 늘 바뀌게 마련이고, 사람들은 언제나 저렴하

2013년 라나플라자 붕괴 사고 당시의 모습.

지만 질 좋은 새 옷을 원한다. 이러한 수요를 감당하려면 노동자들을
더 싼 가격에 혹독하게 몰아붙여야 한다.

우리나라도 예외는 아니었다. 우리나라 의류 생산업이 활발하던
때, 봉제 공장에서 근무하던 여러분의 할아버지 할머니 세대 노동자
들은 실로 살인적인 노동환경에서 일해야 했다. 의류 산업 속 노동자
들은 염색 과정에서 나오는 오염 물질과 봉제 과정에서 발생하는 먼
지 등 각종 유해 물질에 노동자들이 노출된다. 그 당시 봉제 공장에
서 일하던 우리나라 노동자들도 하루 14시간 동안 열악한 환경에서
비인간적인 노동에 시달렸다. 봉제 공장 노동자이던 전태일 열사가
이를 개선하기 위해 스스로 목숨을 끊어 가며 항거한 때가 1970년이
다. 하지만 이 열악함은 이후로도 사라지지 않았다. 우리나라에서 방

글라데시로 그 장소가 옮겨졌을 뿐이다.

라나플라자 사고가 벌어진 뒤 비난의 화살은 스웨덴의 세계적 의류 기업 H&M에 쏟아졌다. H&M은 에스파냐의 자라ZARA, 일본의 유니클로UNIQLO와 함께 세계 3대 '패스트패션fast fashion' 기업으로 꼽히는 곳이다. 패스트패션이란 중저가의 다양한 옷을 매우 빠른 주기로 교체하는 의류 소비 행태를 뜻한다. 소비자들은 패스트패션의 유행 덕에 부담 없는 가격으로 옷을 살 수 있으므로 옷 한 벌을 굳이 오래 입으려 하지 않는다. 옷의 교체 주기가 빨라질수록 패스트패션 기업들은 더 많은 옷을 팔 수 있다. 이를 위해서는 물론 옷값이 저렴해야 한다. 이미 열악한 환경이던 의류 생산업에 패스트패션 문화가 확산하면서 노동자 착취가 더 심해진 것이다.

H&M이 라나플라자 붕괴 사고 관련 집중포화를 맞은 것은 그들이 패스트패션의 선두 주자이기 때문이다. 게다가 이 기업은 방글라데시에 숱한 의류 공장을 거느리고 있었다. 건물 붕괴 사고로 방글라데시 노동자들의 열악한 사정을 접한 스웨덴 국민은 H&M 의류 불매운동에 나서기도 했다. 사태의 심각성을 인식한 H&M은 서둘러 후속 대책 발표에 나섰다. 자사 제품을 생산하는 공장의 안전을 더 강화하고 노동자들의 임금도 올리겠다고 밝힌 것이다. 이후 방글라데시 정부는 최저임금을 인상했고, H&M 공장에서 일하던 노동자의 월급도 4만 원 선에서 7만 원 정도로 올랐다.

하지만 붕괴 사고 발생 3년 뒤인 2016년, 방글라데시의 H&M 의류 공장에서 대형 화재가 발생해 네 명이 다치는 사고가 벌어졌다. 이 사고를 계기로 당시 여러 시민 단체가 방글라데시에 있는 H&M

의류 공장의 안전 실태가 개선됐는지를 살폈다. 하지만 결과는 처참했다. 노동자들은 여전히 노예와 다름없는 처지로 일한 것으로 드러났다. 좁은 숙소에서 생활하는 노동자들은 고용주의 허락 없인 마음대로 외출조차 할 수 없었다. 방글라데시 H&M 의류 공장 절반 이상이 비상 탈출구 개수가 부족하다는 사실도 밝혀졌다.

자유무역 이론은 '나라 간 교역이 자유롭게 이뤄지면 모두가 이익을 얻는다.'라고 주장한다. 하지만 이론과 달리 자유무역 시대에 개발도상국들은 선진국으로 향하는 도약의 기회를 잃은 채 끔찍한 노동 환경에 처해 있다. 우리나라가 1960~1970년대 겪은 그 지옥이 방글라데시에서는 여전히 펼쳐지고 있다. 의류 산업 덕에 이룩한 경제성장에 걸맞은 노동자 대우가 필요한 시점이다.

"아마존의 위험한 작업 환경이
근로자의 심각한 부상으로 이어
지고 있다."

_미국 산업안전보건청

28년 동안
노동3권을 부정하다

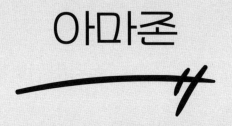

아마존

AMAZON

소재지: 미국 시애틀
창립: 1994년
분야: 전자 상거래, 클라우드 컴퓨팅

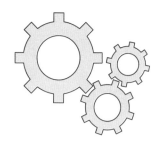

CHAPTER 15

——— 노조 신청서를 훔쳐 간 기업

우리나라 노동의 역사를 살펴볼 때 1987년 7월부터 9월까지를 빼놓을 수 없다. 이 시기를 역사가들은 '노동자 대투쟁기'라고 부른다. 대투쟁기 이전까지 한국에서는 제대로 된 노동조합을 찾아볼 수가 없었다. 기업은 노동자를 부품 취급 했고, 노동자들은 가혹한 노동환경 속에서 찍소리도 못 낸 채 과도한 노동에 시달렸다. 폭력 사태도 비일비재했다. 앞서 다루었듯 1987년 현대자동차에서는 견장을 차고 호루라기를 매단 경비원들이 출근하는 노동자들을 불러 복장이 불량하다거나 명찰을 안 달았다는 이유로 마구 때렸고, 머리가 조금이라도 길면 바리캉으로 강제 삭발을 하는 경우마저 있었다.

이런 폭압적인 분위기에 숨죽이던 노동자들이 1987년 7월 마침내 폭발했다. 현대엔진 노동자들이 7월 5일 노조를 결성한 것을 시작으로 전국 곳곳에서 노조를 만드는 시도가 번진 것이다. 1987년의 노동자 대투쟁은 무려 3개월 동안 이어진 대한민국 역사상 최대 규모

아무튼

1987년 서울 연세대학교에서 열린 전국 노동자 대회 당시의 모습.

의 노동자 투쟁이었다. 3개월 동안 파업에 참여한 노동자의 연인원은 200만 명이었고, 파업 건수는 3,300건에 이르렀다. 1986년엔 2,600여 개던 노조는 1987년 12월 기준 4,000개를 넘어섰다.

그런데 이 과정에서 웃지 못할 사건이 하나 벌어졌다. 이른바 '현대미포조선 노조 신청서 탈취 사건'이다. 1987년 7월 15일 노조를 결성한 현대미포조선 노동자들은 이튿날인 16일 울산시청을 방문해 노조 설립 신고 서류를 제출하려고 했다. 그런데 이때 어디선가 신원 미상의 건장한 남성 일곱 명이 튀어나오더니 서류를 빼앗아 달아나 버렸다. 그 당시 현대그룹은 계열사에 노조가 설립되는 꼴을 볼 수 없었다. 그래서 생각해 낸 아이디어가 고작 노조 신청서를 훔쳐서 도망가는 것이었다. 이 얼마나 후진적인 노동관인가?

노조를 제초하고 자폭시켜라

대한민국은 노동3권이 헌법으로 보장된 나라다. 노동3권이란 단결권, 단체교섭권 및 단체행동권을 뜻한다. 이 권리는 대한민국뿐 아니라 거의 모든 나라에서 헌법으로 보장한다. 단결권이란 노동조합을 만들 권리, 단체교섭권이란 노동조합이 임금이나 노동조건 등을 기업과 직접 협상할 권리, 단체행동권은 노동자가 기업에 맞서 파업 등 단체행동을 할 권리를 뜻한다. 그런데 우리나라에서는 오래전부터 노조를 마치 있어서는 안 되는 존재처럼 몰아붙여 왔다. 1970년대 현대그룹의 노조 설립 방해 사건 외에 대표적인 예가 11장에서도 다룬 2013년 '이마트 노조 파괴 공작' 사건이다.

이마트의 노동자들은 2004년부터 노조를 만들려는 움직임을 보였다. 이마트는 노조 설립을 저지하기 위해 '기업문화팀'이라는 조직을 구성했고, 그 산하에 현상 파악 및 현장 대응, 채증, 미행 등을 위한 조를 꾸렸다. 더 황당한 일은 노조에 잠입해 그들이 징계받을 만한 일을 만들 '자폭조'나 노조의 홍보물을 제거하는 '제초조' 등을 두어 직원들을 감시한 것이다. 도대체 노조를 무엇이라고 생각했기에 회사가 '자폭조'라는 이름의 무시무시한 조직을 만들었단 말인가? 노조의 홍보물을 없애는 일을 잡초 뽑기에 비유한 것 또한 황당하지 않을 수 없었다.

심지어 이마트는 노조 설립을 주도한 노조위원장을 인천광역시에서 광주광역시로 인사 발령 해 불이익을 줬고, 사내 게시판에 회사에 대한 불만을 올린 수습사원은 지각 3회를 이유로 정사원에 불합격시키려 하는 식의 감시를 이어 가기도 했다. 이 사건은 재판으로 넘어갔고 헌법이 보장하는 권리인 노조 설립을 방해한 죄로 최병렬 전前 이마트 대표가 징역 10개월에 집행유예 2년을 선고받았다.

_____ 선진사회에도 이런 기업이?

선진국에서는 초중고 시절부터 노조 활동에 관해 긍정적으로 배운다. 독일은 아예 초등학교 때부터 특별활동 시간을 이용해 1년에 무려 여섯 차례나 모의 노사 교섭을 한다. 프랑스 고등학교 1학년 과정에는 노동·법률·사회라는 교과목이 있는데, 이 과목 교과서의 3분이 1이 '단체교섭의 전략과 전술'로 채워져 있다. 프랑스 고등학생들은 '노사 협상의 기술'을 정규 교과과정을 통해 배우는 것이다. 2015년 노동절 때는 미국 제44대 대통령 버락 오바마Barack Obama가 "내 가족의 생계를 보장할 좋은 직업을 원하는가? 누군가 내 뒤를 든든하게 지켜주기를 바라는가? 나라면 노조에 가입하겠다."라며 공식 석상에서 노조 가입을 독려하기도 했다.

한편 이런 분위기와 달리 미국에서 1994년 기업 설립 이후 무려 30년 가까이 '무노조無勞組 정책'을 고수한 회사가 있다. 그곳은 바로 세계 최대 온라인 쇼핑몰 업체인 아마존amazon이다.

아마존의 시가총액은 2024년 3월 기준으로 약 1조 8,500억 달러, 우리 돈으로 환산하면 무려 2,500조 원에 달한다. 삼성전자의 시가총액이 530조 원 남짓이니 그 다섯 배에 가까운 셈이다. 또 미국《포브

2021년 8월, 노조 설립을 위한 탄원서를 제출하는 아마존 소속 창고 노동자들.

스》지가 2024년 3월 발표한 세계 부자 순위에 따르면 아마존의 창업자이자 회장 제프 베이조스Jeff Bezos의 재산은 약 1,960억 달러(약 260조 원)로 세계 2위다. 그만큼 미국, 아니 세계에서 아마존의 영향력은 거대하고 막강하다. 이런 아마존은 1994년 설립 이래 2021년까지 노조가 없던 회사다. 베이조스는 "노동자들에게 업계 최고 대우를 하고 있기에 노조가 필요 없다."라는 논리를 펼쳤으나 이는 어불성설이다. 노동자들에게 업계 최고 대우를 하건 말건 노조를 만드는 일은 노동자의 권리이기 때문이다. 노조의 필요성을 판단할 주체도 당연히 기업 회장이 아니라 노동자들이다.

　베이조스의 호언장담처럼 아마존 노동자들이 업계 최고 수준의 대우를 받고 있는지도 의문이다. 물론 아마존이 최저임금보다 높은 시급을 노동자들에게 제공하기는 했다. 하지만 '대우'란 단지 월급의 액수만을 따질 개념이 아니다. 노동자가 얼마나 안전하게, 안정적으로 일할 수 있는지를 포괄적으로 따져야 한다.

2021년 미국 산업안전보건위원회NCOSH는 아마존을 '더티 더즌Dirty Dozen'에 포함했다. 더티 더즌이란 미국 기업 가운데 노동자의 안전과 업무 환경을 개선하려고 노력하지 않은 '가장 위험한 기업들'을 지목한 명단이다. 150만 명이 넘는 노동자가 일하는 아마존은 미국에서 월마트 다음으로 많은 노동자를 고용하는 기업이다. NCOSH에 따르면 아마존 노동자가 업무 도중 다칠 확률은 월마트 노동자의 갑절이나 됐다. 아마존 배송 노동자의 부상 확률은 물류 회사인 UPS보다도 50퍼센트나 높았다.

한편 아마존의 노동자에겐 고용 안전성도 보장되지 않았다. 아마존에서는 문자메시지로 해고당하는 일이 비일비재했다. 2021년《뉴욕타임스》의 조사에서 아마존 노동자의 이직률은 무려 연간 150퍼센트나 되는 것으로 드러났다.

───── **마침내 노조를 설립하다**

아마존에서 노조를 만들려는 움직임이 없었던 것은 아니다. 2021년 2월 앨라배마주 베서머의 창고에서 일하는 노동자들이 노조 결성을 시도했다. 이에 대응해 아마존은 반反노조 웹사이트와 트위치(실시간 영상 스트리밍 서비스)에 노조 설립 반대 광고를 계속 내보냈다. 심지어 노동자들에게 노조 결성 찬반 투표에서 반대표를 던지라고 종용하는 우편을 보내기도 했다. 그리고 노동자들의 투표용지를 수거할 우편함 근처에는 회사 측의 '보안 카메라'가 설치됐다. 이런 분위기 속에서 자유로운 투표가 이뤄질 리 만무했고, 투표 끝에 70퍼센트가 넘는 반대로 노조 설립이 무산됐다. 이에 대해 미국 노동관계위원회NLRB는 "아마존의 불법적인 반노조 정책으로 자유롭고 공정한 투표가 실시되지 않았다는 사실이 인정된다."라며 재투표를 권고했다.

그런데 이런 아마존의 무노조 역사에 종지부를 찍은 사건이 발생했다. 코로나19가 기승이던 2022년 4월 1일, 뉴욕 스태튼아일랜드 JFK8 창고에서 일하던 노동자들이 실시한 노조 설립 찬반 투표에서 과반이 넘는(54퍼센트) 찬성률로 마침내 첫 노조가 들어선 것이다. 코로나19 이후 노동자들의 노동환경이 너무 나빠졌다며 문제를 제기한 크리스천 스몰스라는 노동자가 해고된 것이 사건의 시발점이었다. 스몰스는 뜻을 함께한 팀원 데릭 파머와 함께 아마존 최초의 노조 설립에 온몸을 던졌다.

아마존은 이를 저지하기 위해 필사적으로 대항했다. 《뉴욕타임스》에 따르면 아마존은 무려 430만 달러(우리 돈으로 약 52억 원)를 쏟아부으며 노조 저지에 돌입했다. 어떤 날에는 노동자 모두가 반드시 참석해야 하는 회의를 하루에 20차례나 열어 노조에 관한 부정적인 의견을 쏟아 냈다. 노조를 막기 위한 파상공세(일정한 시간 간격을 두고 되풀이하여 공격하는 태세, 또는 그런 세력)를 펼친 것이다.

스몰스와 파머는 11개월 동안 창고 건너편에 마련한 천막에서 생활하며 노조 결성을 위해 싸우고 또 싸웠다. 하루도 빠짐없이 동료들을 만나 노조가 왜 필요한지를 설명하고 설득했다. 이 둘의 열정은 마침내 동료 노동자들의 마음을 움직였고, 28년간 무노조 정책을 고집하던 아마존에 첫 번째 노조 설립이라는 역사적인 첫걸음을 내디딜 수 있었다.

하지만 이런 기념비적인 첫걸음에도 전 세계 아마존 물류 창고 가운데 노조가 설립된 곳은 아직도 한 곳뿐이다. 첫 노조가 설립된 지 한 달 뒤인 2022년 5월, 뉴욕의 아마존 물류 창고 LDJ5에서 실시된 노조 설립 투표에서 60퍼센트가 넘는 반대로 노조 설립이 또다시 부결됐기 때문이다. 이 투표에서도 아마존은 노동자들을 의무적으로 회의나 강연에 참석시킨 뒤 '우리와 계속하겠느냐, 아니면 어느 곳에서도 동료를 대변한 적이 없는 노조를 선택하겠느냐?'라는 식으로 몰아붙였다고 한다. 그 이후 아마존의 두 번째 노조 설립 소식은 여전히 전해지지 않고 있다.

2021년 2월 28일, 아마존에서 첫 노조 설립을 위한 준비가 한창이던 때 조 바이든Joe Biden 미국 대통령은 트위터에 아마존의 노조 설립을 공개적으로 지지한 바 있다. 28년 동안 노조 없는 회사를 고집했고 지금도 노조 설립에 온갖 방해 공작을 펼치는 제프 베이조스 아마존 회장에게 바이든 대통령의 말을 전하고 싶다. "모든 노동자는 자유롭고 공정한 노조 참여의 기회를 지녀야 한다."

"이웃 나라들에 대한
착취를 발판으로 떼돈을 번
미쓰비시는 8·15 해방
뒤에도 한국에 영향력을
행사했다."

_《오마이뉴스》

조선인을
죽음의 섬에 몰아넣다

미쓰비시

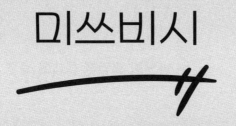

소재지: 일본 도쿄
창립: 1870년
분야: 은행업, 도매업, 중공업 등

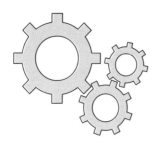

____ 과거의 책임을 현재에 물을 수 있을까?

'과거에 벌어진 잘못의 책임을 누구에게, 어느 정도까지 물을 수 있을 것인가?' 일제강점기를 경험한 민족인 우리에게 이 질문은 매우 익숙하다. 그러나 이 질문의 답은 그리 간단하지 않다.

우리나라 이야기부터 시작해 보자. 과거 침략 전쟁을 자행한 일본의 책임을 어디까지 물어야 좋은가? 우리는 '지금의 일본 정부가 과거 일본 정부를 계승했으므로 당연히 그들에게도 책임을 물어야 한다.'라는 생각에 대체로 동의한다. 그런데 2024년 도쿄에 사는 평범한 시민인 나카무라 씨에게 '당신은 일본인이므로 과거 침략에 책임이 있으니 무릎 꿇고 사과하세요.'라고 요구할 수 있을까? 나카무라 씨가 '내가 왜? 나는 한국을 침략한 적 없고, 우리 조상들도 제국주의적 침략에 관련한 바가 없어. 우리 조상은 시골에서 농사짓고 살았다고!'라며 항변한다면 어떻게 대응해야 할까?

미국의 인종차별 문제는 어떤가? 경제학자들에 따르면 과거 미국

1830년대 영국 식민지 경찰의 호주 원주민 학살을 묘사한 그림.

백인들이 흑인들을 노예로 부리면서 착취한 경제적 이익이 우리 돈으로 무려 2,000조 원에 이른다. 그 당시 흑인들이 겪었을 정신적 고통과 육체적 피해를 고려했을 때 보상액은 1경 6,000조 원까지도 추산되며, 이는 미국 국내총생산GDP의 70퍼센트에 이르는 거금이다. 미국 정부는 이 돈을 지금이라도 흑인들의 후손에게 배상해야 할까?

이런 문제는 세계 곳곳에 깔려 있다. 오스트레일리아는 18~19세기 무렵 영국 백인들이 원주민을 학살해 가며 건국한 나라다. 그렇다면 지금의 오스트레일리아 정부는 원주민의 후손에게 사죄해야 할까? 1996년부터 2007년까지 이 나라 총리를 지낸 존 하워드John W. How-ard는 '우리가 하지 않은 일을 왜 사죄해야 하냐'며 이를 단호히 거부했다.

——— 충성심의 딜레마

여간 까다로운 문제가 아니다. 이것이 바로 정치철학자이자 하버드 대학 교수인 마이클 샌델Michael J. Sandel이 자신의 명저 『정의란 무엇인가』에서 제기한 '충성심의 딜레마dilemmas of loyalty'다. 이 문제를 가장 소극적으로 해석하는 쪽은 '가해한 당사자만 사과하면 된다.'라는 주장을 펼친다. 그보다 조금 더 적극적인 쪽은 '당사자는 물론, 조상의 범죄로 혜택을 입은 후손들까지 사과해야 한다.'라고 본다. 즉 부모가 친일파고 그 자손이 부모의 재산으로 호의호식했다면 자손에게도 책임이 있다는 관점이다. 가장 적극적인 쪽은 가해자가 속한 사회 및 국가가 총체적으로 사과해야 한다는 의견을 펼친다. 일본이 과거 제국주의 침략을 했다면 현대의 후손들에게도 책임이 있고, 과거 백인이 흑인을 노예로 부렸으면 세월이 지나도 백인 사회가 책임을 져야 한다는 말이다.

이 셋 가운데 무엇이 정답인지는 아직 결론이 나오지 않았다. 수학 문제처럼 답이 딱 떨어지긴 어려운 까닭이다. 다만 이 문제에 관한 대략적 합의는 있다. 국가가 저지른 문제는 후대 국가가 지속해서 책임을 져야 한다는 것이다. 이 같은 문제에 모범 답안을 제출한 나라는 독일이다. 독일은 유대인 대학살의 책임을 인정해 생존자와 이스라엘을 상대로 수조 원 규모의 배상금을 냈다. 그리고 독일의 정치 지도자들도 이 문제를 끊임없이 공개 사죄 했다.

반면에 최악의 답을 내놓은 국가는 일본이다. 일본군 '위안부' 문제만 해도 그렇다. 일본군은 1930~1940년대에 한국을 비롯한 여러 국가의 여성과 여자아이들을 강제로 끌고 가 성 노예로 이용했다. 하지만 2007년 아베 신조 전前 일본 총리는 '일본군이 여성을 성 노예로 강제 동원한 적 없다.'라고 잡아뗐다. 일본은 이후에도 조선인을 강제 연행하지 않았고, 조선의 여성들을 성 노예로 동원했다는 주장은 거짓이며, "일본군 '위안부' 20만 명"이라는 숫자엔 근거가 없다는 '역사 부정 3종 세트'를 선보였다. 이에 미국, 캐나다, 네덜란드, 타이완의 의회와 유럽연합EU을 대표하는 유럽의회가 일본 정부에 "일본군 '위안부' 여성 강제 동원에 관한 일본군의 책임을 공식 인정하고 사죄하라."라고 촉구했지만 일본은 요지부동이다.

_____ 미쓰비시라는 기업

일본 경제계에는 전통적인 3대 그룹이 존재한다. 미쓰이, 미쓰비시, 스미토모. 이들은 제2차 세계대전 패전 직전까지 일본의 '3대 재벌'로 불렸다. 이후 미군정이 들어서면서 재벌 체제가 해체됐으나 그 이후에도 이들은 여전히 막강한 3대 그룹으로 남았다. 그리고 현재 후요, 산와, 다이이치칸교와 함께 일본의 6대 그룹을 형성하고 있다.

　우리가 주목할 기업은 미쓰비시다. 창업 연도가 무려 1870년, 조선 기준으로는 고종 7년에 설립된 기업으로 '조직의 미쓰비시'라는 말이 따로 있을 만큼 기업 내 결속력이 강하다. 미쓰비시중공업과 미쓰비시UFJ은행, 미쓰비시상사 등 세 개 계열사는 '미쓰비시의 트로이카'로 불리는 주력이다. 하지만 이들 3사가 미쓰비시 그룹의 전부는 아니다. 제대로 따져 보면 관련 회사가 1,000개가 넘는다는 이야기가 있을 정도로 기업 규모가 크다.

문제는 이 미쓰비시가 일본을 대표하는 전범戰犯 기업이라는 것이다. 미쓰비시는 일제의 조선 강제 침탈과 제2차 세계대전을 거치면서 군수 기업으로 성장을 거듭했다. 제2차 세계대전 당시 미쓰비시는 전투기와 잠수함 등을 만들었다. 이때 미쓰비시가 만든 전투기 '제로센'은 세계 전투 역사상 전례가 없던 전투기 자폭 전술, 이른바 '가미카제 특공대 전술'에 쓰였다.

하지만 이것이 오늘 하려는 이야기의 전부는 아니다. 미쓰비시는 이를 넘어서서 정녕 해서는 안 될 일을 저질렀기 때문이다. 혹시 독자 여러분이 〈군함도〉(2017)라는 영화를 보았는지 모르겠다. 군함도는 말 그대로 군함처럼 생긴 섬을 뜻한다. 정식 명칭은 하시마섬으로, 나가사키 인근 바다에 있는 축구장 약 두 배 넓이의 자그마한 무인도다. 실제 군함도의 모습을 보면 섬 전체가 콘크리트로 잘 다져졌고 건물도 수십 채 있으며, 그 가운데는 10층 이하인 아파트도 여러 채다. 그리고 이 작은 섬엔 한때 무려 5,000명이 넘는 사람이 살았다.

왜 이 작은 무인도에 이런 시설들이 들어섰고, 수많은 사람이 살게 됐을까? 바로 군함도에서 다량의 질 좋은 석탄이 발견됐기 때문이다. 석탄이라 하면 보통 상식으론 산에서 채굴한다고 생각하지만 군함도의 석탄은 해저에 묻혀 있었다. 군함도는 해저 탄광에서 석탄을 채굴하는 전진기지였던 셈이다. 그리고 이 섬을 1890년에 미쓰비시가 사들였다.

군함도의 석탄이 일본 근대화에 세운 공은 컸다. 1920년대에는

해저 탄광 폐쇄 이후 폐허가 된 군함도, 하시마섬의 모습.

군함도에서 연 20만 톤의 석탄이 생산됐고 1941년에는 무려 41만 톤을 캐냈다. 한데 전쟁이 격화하고 미쓰비시가 석탄 생산에 박차를 가하면서 문제가 하나 발생했다. 석탄을 생산할 노동자가 부족해진 것이다. 게다가 이곳은 앞서 말했듯 해저 탄광이었다. 탄광은 무려 해저 1,000미터 아래까지 이어져 있었다. 갱도 아래로 내려갈수록 폭은 좁아졌고, 경사도는 60도 이상으로 매우 가팔랐다. 게다가 바다 아래의 석탄을 파내는 일이었기 때문에 가스 유출이나 붕괴, 바닷물 침수 가능성 등 엄청난 위험이 상존했다. 이런 갱도에서는 기계를 이용해서 석탄을 나르기도 어렵다. 그렇다면 이 일을 누가 하느냐? 사람이 해야 한다.

——— 군함도의 참상과 미쓰비시의 태도

일제와 미쓰비시는 부족한 노동력 문제를 조선인 강제징용으로 해결했다. 군함도 석탄 채굴 작업에 강제징용으로 동원된 조선인 노동자는 500~800명. 그 가운데 군함도에서 사망한 조선인은 공식적인 숫자로만 122명이었다.

군함도 석탄 채굴에 강제로 징용된 조선의 젊은이들은 하루 12시간, 더 길게는 16시간이라는 말도 안 되는 강제 노동에 시달렸다. 그런 그들에게 주어진 건 고작 콩깻묵 주먹밥 두 덩어리였다. 콩기름을 짜고 남은 찌꺼기인 콩깻묵에 잡곡을 아주 조금 섞어 만든 주먹밥이었는데, 심지어 여기에 사용한 콩깻묵은 사람이 먹는 음식이 아니라 비료용이었다. 가혹한 노동으로 몸져누운 사람에게는 그마저도 배급되지 않았다. 그들은 결국 굶어 죽을 수밖에 없었다.

군함도의 조선인들은 9층짜리 건물 지하에 감금되다시피 한 처지였다. 그것도 세 평 남짓한 방 하나에 12~15명이 모여 살았다. 일본 관리인들은 고무줄로 만든 채찍을 수도 없이 휘둘렀다. 이 지옥에서 탈출을 시도한 조선인들은 파도에 휩쓸려 죽거나 총살당했다. 일본 정부와 미쓰비시는 강제로 징용당한 조선인들의 사망 사실을 유족들에게 알리지 않았다. 숨진 조선인 희생자들의 수많은 유골은 아직도 한국에 돌아오지 못하고 있으며, 주인을 분간할 수도 없게 뒤섞인 채 일본에 묻혔다. 그 섬의 진짜 이름은 하시마섬도, 군함도도 아닌 지옥도였다.

광복을 맞은 뒤 한참이 지난 21세기에 들어서야 그 당시 강제징용을 당한 이들이 손해배상 소송을 제기하기 시작했다. 그리고 마침내 2018년 대한민국 대법원은 미쓰비시중공업이 일제 강제 노역 피해자들에게 각각 1억 원에서 1억 5,000만 원까지 위자료를 지급해야 한다고 판결했다.

충성심의 딜레마를 다시 떠올리며 묻겠다. 미쓰비시는 이 참혹한 사태에 어떤 책임을 져야 하는가? 이 딜레마를 가장 소극적으로 해석하는 이들조차 '가해한 당사자는 사과해야 한다.'라는 의견을 지닌다. 미쓰비시는 바로 그 가해 당사자다. 그리고 일제강점기 수많은 조선인의 목숨을 희생하며 쌓은 부가 오늘날 미쓰비시의 토대가 됐다. 미쓰비시는 과거의 일을 책임져야 하나, 책임지지 않아도 되나? 당연히 책임져야 한다. 아무리 소극적으로 해석한다 해도 미쓰비시는 이 책임을 벗어날 수 없다.

하지만 미쓰비시는 그렇게 하지 않았다. 대법원의 판결에도 그들은 여전히 강제징용 피해자들에게 아무런 피해 보상을 하지 않고 있다. 그리고 창사 이래 지금까지 단 한 번도 조선인 강제징용에 대해 제대로 된 사과를 하지 않았다.

놀라운 사실이 하나 더 있다. 미쓰비시그룹은 일제의 침략을 미화하고 독도를 일본 땅이라 주장하는 우익 단체 '새로운 역사 교과서를 만드는 모임'을 후원한다. 가히 인간의 탈을 쓴 악마들이라 할 만하다. 이들을 어찌 용서할 수 있단 말인가?

"학교에 다닌 적 없는 사람이 화물차를 훔친다면,
대학 교육을 받은 사람은 철도 전체를 훔친다."

_ 시어도어 루스벨트, 미 전 대통령

엔론 1985~2007
미국총기협회 1871~
한보그룹 1974~1997
록히드마틴 1995~
베어링스은행 1762~1995
UBS 1862~
대우그룹 1967~1999
메디아셋 1978~

3부.
세상을 속이고 뒤흔들다

"(엔론 사태로) 미국인들은
주식시장에 대한 신뢰를
잃었다."

_《타임》

최악의 분식회계,
미국을 뒤흔들다

엔론

ENRON

소재지: 미국 텍사스
창립: 1985년
해체: 2007년
분야: 에너지

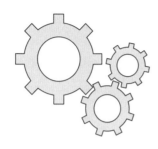

_____ **주식회사와 개인사업자의 차이**

동명의 웹툰을 원작으로 하여 큰 인기를 끈 JTBC 드라마 〈이태원 클라쓰〉(2000)에는 이런 장면이 나온다. 주인공 박새로이(박서준 분)는 '단밤'이란 포장마차를 운영하는데, 장사가 아주 잘돼서 돈을 꽤 많이 벌었다. 이때 박새로이에게 재무 상담을 해 주는 펀드매니저 친구가 "너, 내년에 세금 준비 좀 해야겠다."라고 말한다. 장사가 잘돼 돈을 많이 벌었으니, 내야 할 세금이 크게 늘었다는 이야기다.

박새로이가 "얼마나 나오려나." 하고 걱정하자 친구는 "걱정할 거 없어. 내 전문 분야니까."라고 답한다. 다음 장면에서 박새로이가 단밤 직원들에게 메시지를 보낸다. 그 첫 줄이 "법인사업자를 낼 거야."이다. 직원 한 명이 "법인사업자가 뭔데요?"라고 물으니, 이들 가운데 제일 똑똑한 조이서(김다미 분)가 "지금 버는 돈이면 세금 때문에라도 법인을 내긴 내야죠."라고 말한다.

폭증한 세금을 줄이자며 펀드매니저가 내놓은 비법이, 바로 '법인

사업자 설립'이었다. 과연 무엇 때문일까? 우리나라에서 장사하는 대부분 상인은 '개인사업자'라는 이름으로 사업한다. 개인사업자란 말 그대로 '개인이 홀로 사업하는 형태'다. 장사가 잘돼 돈을 잔뜩 벌면 그 돈은 모두 사장 개인 몫이고, 장사가 안돼서 쫄딱 망해도 사장 홀로 책임져야 한다.

개인사업자는 비非사업자와 똑같이 취급받는다. 즉 개인사업자는 벌어들인 돈에 대한 세금을 직장인과 똑같이 내야 한다는 뜻이다. 우리나라는 개인이 번 돈에 '소득세'라는 세금을 매기는데, 돈을 많이 벌수록 세율이 높아진다. 예컨대 1년 소득이 1,400만 원 이하라면 소득액의 6퍼센트를 낸다. 1,400만 원 초과 5,000만 원 이하라면 15퍼센트를 세금으로 내야 한다. 만약 소득이 5억 원을 넘기면 소득액의 42퍼센트를, 10억 원을 넘기면 45퍼센트를 납세한다.

그렇다면 법인사업자는 무엇이 다를까? 법인사업자란 개인이 아니라 여러 명이 함께 투자해 설립한 단체나 조직을 일컫는다. 대표적인 형태가 '주식회사'다. 주식회사는 주주株主들이 공동으로 돈을 투자해 만든 회사다. 책임도 주주들이 공동으로 지고, 수익도 주주들이 공동으로 나눠 갖는다. 물론 투자한 돈에 비례해서 그렇다는 이야기다.

법인사업자는 개인과 전혀 다르게 대접받는다. 개인사업자는 소득세를 납부하지만, 법인사업자는 '법인세'를 낸다. 문제는 법인세율이 소득세율에 비해 턱없이 낮다는 데 있다. 법인의 수익이 2억 원 이하면 적용되는 세율은 고작 9퍼센트다. 2억 원에서 200억 원까지 벌면 19퍼센트, 200억 원에서 3,000억 원까지는 21퍼센트다. 수익이 3,000억을 넘어도 적용 세율은 24퍼센트에 불과하다.

박새로이가 법인사업자를 낸 이유가 바로 여기에 있다. 예컨대 1년에 포장마차 사업으로 10억 원 넘는 돈을 벌었을 경우, 그가 개인사업자로 남아 있었다면 45퍼센트의 높은 소득세율을 적용받았을 것이다. 하지만 법인사업자가 되면 19퍼센트의 법인세만 부담하면 된다. 내야 할 세금에서 몇억 원이나 차이가 난다.

────── 회계장부가 엄격해야 하는 까닭은?

그렇다면 궁금해진다. 국가는 왜 법인사업자에게 이런 혜택을 줄까? 법인사업자는 주로 주식회사 형태로, 여러 투자자가 함께 돈을 모아 사업을 벌이기 때문에 일반적으로 개인사업자보다 규모가 크다. 국가가 법인사업자에게 혜택을 주는 이유는 큰 사업이 더욱 원활하게 진행되도록 돕기 위해서다. 아무래도 큰 기업이 많으면 국가 경제가 나아지리라는 취지에서다.

여기서 간과할 수 없는 점이 있다. 법인사업자라고 해서 마냥 혜택만 받는 건 아니라는 사실이다. 법인사업자는 개인사업자와 비교하면 국가의 관리를 훨씬 엄격하게 받는다. 개인사업자는 말 그대로 개인의 사업체이기 때문에, 장사해서 번 돈을 사장이 자기 돈처럼 쓰면 된다. 하지만 법인사업자는 절대로 그렇게 해선 안 된다. 공동으로 투자한 사람들이 있으니, 사장이라고 해도 회삿돈을 결코 제멋대로 쓸 수 없다는 이야기다.

따라서 주식회사는 일정 정도 이상의 규모라면 반드시 '회계장부'

를 작성하고 그것을 감독기관에 제출해 검사받아야 한다. 회계장부란 '회사가 번 돈과 쓴 돈을 모두 정확하게 기록한 장부'를 의미한다. 왜 이렇게 하냐고? 회사는 공동 주인인 주주들에게 자사의 상황을 투명하게 공개해야 하니까! 게다가 요즘엔 주식거래가 활발해져서 누구나 주식만 사면 회사의 주주가 될 수 있다. 그래서 규모가 큰 회사들은 아예 회계장부를 대중에게 공개한다. 기존 주주뿐 아니라 그 회사의 주주가 될 생각이 있는 예비 주주에게까지 자사의 상황을 알려 투자를 유도하기 위해서다.

이 부분이 바로 개인사업자보다 법인사업자가 불편한 지점이다. 법인사업자는 개인사업자보다 훨씬 더 투명해야 한다는 이야기다.

_____ **장부에 화장을 한다고?**

대개 주식회사는 '전문경영인'이라고 불리는 사람에게 경영을 맡긴다. 그리고 회사의 주주들은 '주주총회'라는 회의를 통해 누구를 전문경영인으로 세울지 결정한다. 회사마다 사정은 약간 다르지만, 전문경영인은 3년 정도의 임기를 보장받는다. 전문경영인의 임기를 제한하는 까닭은 간단하다. 주주들이 3년 동안 지켜본 뒤 경영을 잘하면 한 번 더 기회를 주겠지만, 그렇지 않으면 해고하고 더 나은 전문경영인을 찾겠다는 의도가 담겨 있다.

3년이란 시간을 얻은 전문경영인의 최대 관심사는 무엇일까? 당연히 경영을 잘해 다음 주주총회에서 주주들에게 재신임되는 것일

2002년 엔론의 CEO였던 제프리 스킬링이 미국 의회 청문회에서 증언 중인 모습.

테다. 만약 주주들의 기대만큼 실적이 좋지 않았다면 어떻게 할까? 보통은 3년의 임기를 마치고 물러나야 한다. 하지만 이때, 전문경영인에게 유혹의 손길이 접근한다. '이대로 실적을 발표하면 당신은 해고야. 그런데 회사 사정을 주주들이 자세히 알지는 못해. 그러니까 회계장부를 조작하자.' 이런 유혹 말이다.

'분식회계'라는 개념이 여기서 등장한다. 분식회계란 '회사의 실적이 좋아 보이도록 회계장부를 고의로 조작하는 행위'다. 분식회계에서 분粉은 '화장할 때 쓰는 가루'를 말하고, 식飾은 '곱게 단장한다'는 뜻이다. 곧 엉망진창인 회사의 장부를 화장하듯 예쁘게 꾸민다는 의미다.

분식회계를 거론할 때 지나칠 수 없는 회사가 바로 '엔론Enron'이다. 엔론은 2001년 12월 2일에 망하기 전까지 천연가스, 전력, 펄프 등을 공급하는 미국의 에너지 회사였다. 그런데 1997년 이 회사의 전문경영인으로 임명된 제프리 스킬링 Jeffrey K. Skilling은 주주들의 환심을 사기 위해 장부를 조작하기 시작했다. 그리고 그런 부도덕을 1, 2년도 아니고 무려 5년 가까이 지속했다.

스킬링은 회사가 벌지 않은 돈 13억 달러(약 1조 5,000억 원)를 벌어들인 것처럼 장부에 기록했다. 이런 엄청난 실적 덕택에 엔론의 주가는 2000년 한 해 동안 갑절 가까이 뛰었다. 1996년부터 2000년까지 5년간의 주가 상승률은 270퍼센트나 됐다. 엔론은 미국 내 매출 7위 기업으로 성장했고, 2001년 미국의 비즈니스 잡지《포춘》이 선정한 글로벌 500대 기업 가운데 16위에 올랐다. 하지만 이 모든 건 분식회계라는 모래 위에 쌓은 성이었다.

───── 무너지는 모래성, 엔론의 파산

2001년 제프리 스킬링은 자신이 5년 가까이 저지른 분식회계가 들통날 위기에 처했다는 사실을 알아차렸다. 그런데도 그해 3월 한 방송사 인터뷰에서 "우리는 좋은 사람들입니다. 천사들과 한편이죠."라고 떠드는 가증스러운 모습을 보였다. 이 와중에 2001년 1월부터 7월까지 자기가 보유한 엔론 주식 1,750만 달러(약 206억 8,000만 원)어치를 냉큼 팔아 치웠다. 그러고는 8월에 몸이 안 좋다는 이유로 전문경영인직을 사임해 버렸다.

그해 9월, 사상 최악의 테러로 불리는 9·11테러가 미국을 덮쳤다.

그렇지 않아도 침체 상태였던 미국 경제는 이 테러로 직격탄을 맞았다. 주식시장을 비롯한 금융시장이 쑥대밭이 됐다.

엔론은 버틸 힘이 없었다. 분명히 장부상으론 돈을 엄청나게 벌었다. 하지만 사실상 금고는 텅 비어 있었다. 사업을 지속하려면 금융회사에서 돈을 빌려야 했는데, 9·11테러로 금융회사들의 경영마저 위축되며 엔론은 돈을 빌릴 곳을 잃었다. 텅 빈 금고를 더는 숨기고 사업할 수 없는 상황이 된 것이다.

2001년 10월, 엔론 경영진이 마침내 "과거 장부를 다시 검토해 보니 분식회계가 있었다."라며 잘못을 고백했다. 그 규모는 앞서 이야기한 대로 1조 원이 훌쩍 넘었다. 물론 이 금액은 결코 적은 돈이 아니다. 그러나 엔론은 2001년 예상 매출액이 200조 원이나 되는 거대 기업이었다. 1조 원대 분식회계만으로 회사가 망하는 것은 정상이 아니라는 이야기다.

문제는 '투자자들의 신뢰'였다. 주식회사가 회계장부를 대중에게 공개하는 까닭은, 주주들과 예비 투자자에게 경영을 투명하게 보고해 신뢰를 얻는다는 차원에서다. 그리고 이 신뢰는 자본주의의 근간인 주식회사의 핵심이라 할 수 있다. 이 관계가 무너지면 주식회사 제도는 존재할 수가 없다. 신뢰가 없다면, 회사의 발표를 어떻게 믿고 그 회사에 투자한단 말인가?

엔론이 분식회계 사실을 발표하자 투자자들은 엔론 주식을 사정없이 팔아 치웠다. 엔론에 돈을 빌려준 은행들도 더는 믿을 수 없다며 당장 돈을 갚으라고 한꺼번에 독촉하고 나섰다. 2001년 초반 1주당 80달러(약 10만 원)를 오르내리던 엔론 주가는, 분식회계를 발표한 뒤 40일 만에 20센트(약 200원)대로 폭락했다. 9·11테러로 경기까지 최악으로 치달으면서 엔론은 버텨 내지 못했다. 결국 그해 12월 2일, 언론은 법원에 파산 보호를 신청하고 말았다. 미국 7위의 거대 기업이 한순간에 망한 것이다.

2006년 미국 법원은 분식회계를 주도한 스킬링에게 24년 4개월의 징역형을 선고했다(조작된 관련 서류를 파기한 회계 법인 아서앤더슨 또한 유죄판결을 받았고 끝내 해체되었다). 10년 넘게 옥살이하던 스킬링은 2018년 4,000만 달러(약 472억 8,000만 원)를 투자자들에게 배상하기로 하고 석방됐다. 하지만 그것으로 과연 죗값을 다 치를 수 있는지는 의문이다. 엔론의 분식회계와 파산이 회계장부에 대한 신뢰를 목숨처럼 중시하던 미국 자본주의에 엄청난 충격을 안겨 줬기 때문이다.

2008년 노벨 경제학상을 받은 폴 크루그먼^{Paul R. Krugman}은 "9·11테러 공격보다 엔론 사태가 미국 경제에 미친 영향이 더 컸다." 라고 일갈했다. 엔론은 '역사상 최악의 분식회계 기업'이라는 오명을 남긴 채, 어둠의 역사 속으로 사라졌다.

IN AMERICA THE ONLY THING EASIER TO BUY THAN A GUN IS A REPUBLICAN

"미국의 자유를 보호한다고
거짓 주장을 할 뿐만 아니라
근본적으로 비미국적인
근원을 반영하기 때문에
기만적"

_미국진보센터

콜럼바인의 고교생들은
어떻게 총기를 난사할 수 있었나?

미국총기협회

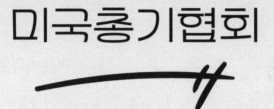

NATIONAL RIFLE
ASSOCIATION

소재지: 미국 버지니아
창립: 1871년
분야: 이익 단체

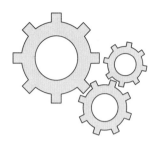

총, 전쟁의 역사를 바꾸다

올림픽 종목 중에 근대5종경기라는 종목이 있다. 영어로 modern pentathlon이라고 적는다. pentathlon이라는 단어에서 'penta-'는 숫자 5를 뜻하는 접두어다. 미국 국방부를 펜타곤Pentagon이라고 부르는데, 국방부 청사 모양이 5각형이어서 붙은 별칭이다.

　근대5종경기에서 겨루는 종목은 펜싱, 수영, 승마, 사격, 육상 크로스컨트리(들판이나 언덕 등 야외를 달리는 종목) 등 모두 다섯 개다. 그러면 궁금증이 생긴다. 각자 다섯 개 종목을 개별적으로 겨루면 되지 왜 이 다섯 종목을 한데 묶어 한 종목으로 겨루느냐는 이야기다. 그렇지 않은가? 이 다섯 종목 중 육상 크로스컨트리를 제외한 나머지 네 종목은 따로 올림픽에서 겨루는 정식 종목이기도 하다.

　이를 이해하기 위해서는 고대5종경기의 구성 종목을 먼저 알아둘 필요가 있다. 고대5종경기는 올림픽의 기원으로 꼽히는 고대 그리스의 올림피아 제전에서 벌어진 다섯 종목의 경기를 말한다. 멀리뛰

근대5종경기를 표현한 1964년 도쿄올림픽 기념 우표.

기, 원반던지기, 창던지기, 달리기, 레슬링이 고대5종경기의 구성 종목이다.

똑같은 5종경기인데 고대와 근대의 구성 종목이 달리기를 제외하고 완전히 다르다는 점이 눈에 띈다. 구성 종목이 왜 이렇게 극적으로 변했을까?

해답은 바로 5종경기가 전쟁과 관련이 있기 때문이다. 고대5종경기는 고대 그리스 전사들이 전쟁에 나섰을 때 가장 필요한 역량을 겨루는 경기였다. 잘 싸우기 위해서는 잘 달려야 하고(달리기), 개울이나 장애물을 홀쩍 뛰어넘어야 하며(멀리뛰기), 상대를 쓰러뜨려야 하고(레슬링), 무기를 멀리 던져 원거리에서 상대를 제압해야 한다(원반던지기, 창던지기).

근대5종경기도 마찬가지다. 구성 종목은 고대5종경기와 매우 다르지만 이 역시 나폴레옹의 등장 이후 유럽의 전쟁에서 군인들에게 요구되는 가장 기초적인 기술들이었다. 적을 칼로 찌르거나 베고(펜싱), 강을 헤엄쳐 건너가고(수영), 말을 달리고(승마), 원거리 적을 사살하고(사격), 빠르게 들판을 달려서 적진을 돌파하는(크로스컨트리) 행위는 모두 필수적인 전쟁 기술이었다.

그런데 여기에 나열된 종목 중 인류 역사에서 전쟁의 양상을 송두리째 바꾼 한 종목이 있다. 바로 사격, 즉 총의 등장이다.

고대5종경기의 구성 종목에서 알 수 있듯 총의 등장 이전까지 전쟁의 승패는 인간의 강함이 지배했다. 더 크고 더 강하고 더 멀리 던지는 쪽이 이기는 게 전쟁이었다는 이야기다.

하지만 총의 등장은 수만 년 동안 이어져 온 '인간의 강함'이라는 개념을 완전히 바꿔 놓았다. 아무리 체력을 단련해 항우나 여포 같은 강함을 가지면 뭐하나? 다섯 살짜리 어린이가 방아쇠를 당기면 항우나 여포도 픽 쓰러져 죽는다.

근대5종경기는 중세 유럽 나폴레옹 시절의 전투를 회고하며 구성된 종목으로 알려져 있다. 200년 전 전쟁을 기반으로 구성된 종목이라는 이야기다. 그렇다면 5종경기를 지금 기준으로 재구성하면 어떻게 될까? 단언컨대 5종경기의 구성 종목이 5종이나 있을 이유가 하나도 없다. 단 한 종목으로 모든 것이 설명되기 때문이다. 그리고 그 한 종목은 단연 '총'이다.

총은 기존의 모든 전쟁 기술을 무력화시켰다. 총으로 상대를 죽이기 위해서는 덩치가 클 필요도, 힘이 셀 필요도 없다. 손가락만 움직여 누구나 상대를 죽일 수 있는 세상, 그 세상의 등장은 바로 총과 함께 시작됐다.

——— 콜럼바인 총기 난사 사건

총의 발명은 인류 역사에 어마어마한 변화를 가져다주었다. 그 가운데 가장 중요한 지점은 '살인의 죄책감이 상상을 초월할 정도로 약해졌다'는 사실이다.

이는 단지 총이 창칼보다 비교적 적은 힘으로 사람을 죽일 수 있기 때문만은 아니다. 칼로 사람을 죽이려면 내 손으로 직접 상대의 신체를 찌르거나 베어야 한다. 살아 움직이는 생선조차 칼로 썰지 못하는 사람이 부지기수인데, 하물며 사람을 찌르는 일이 어찌 쉬울 수 있겠는가?

그렇지만 총은 다르다. 방아쇠를 당기기만 하면 아주 멀리 있는 사람도 해칠 수 있다. 게다가 자기 손으로 타인의 신체를 훼손하는 섬뜩한 기분도 피할 수 있다. 이것이 살인의 죄책감이 말도 안 되는 수준으로 하락한 까닭이자 총의 가장 무서운 특성이다.

1999년 4월 20일, 미국 콜로라도주의 작은 마을 콜럼바인에서 충격적인 사건이 벌어졌다. 콜럼바인고등학교에 재학 중이던 에릭 해리스와 딜런 클리볼드가 교내에서 총기를 난사해 열세 명을 죽이고 스물한 명을 다치게 한 것이다. 물론 미국에선 콜럼바인 사건과 유사

콜럼바인 총기 난사 사건 당시 보안 카메라에 촬영된 에릭 해리스와 딜런 클리볼드의 모습.

한 총기 난사극이 종종 일어났다. 특히 우리의 뇌리에 깊이 박힌 사건은 2007년 4월 16일 발생한 버지니아공대 총기 난사 사건일 테다. 반자동 권총 두 자루로 본인을 포함해 서른세 명을 숨지게 한 학살자가 재미 한국인 조승희였기 때문이다.

그러나 조승희는 사건 발생 당시 성인(23세)이었다. 한편 콜럼바인에서 총기를 난사한 두 고교생 가운데 해리스는 18세가 된 지 고작 11일이 지난 상태였고, 클리볼드는 열여덟 번째 생일도 안 지난 미성년자였다. 이 사건이 미국 사회에 엄청난 충격을 준 이유다.

해리스와 클리볼드는 트렌치코트를 입고서 학교 정문을 통과한 뒤, 잔디밭에서부터 총질을 시작했다. 놀란 학생들이 우왕좌왕하는 사이 학교 건물로 들어선 그들은 계속해서 방아쇠를 당겼다. 학생들이 도망치자 그들은 식당으로, 도서관으로 쫓아갔다. "제발 쏘지 말아 줘!" 하는 학생들의 애원에도 그들은 아랑곳하지 않았다.

이 사건은 경찰이 진입하기도 전에 해리스와 클리볼드가 총으로 스스로 목숨을 끊으면서 마무리됐다. 두 살인자가 죽인 사람은 모두 열세 명이지만, 이 사건의 사망자가 열다섯 명으로 기록된 까닭은 그 둘도 사건 당시 세상을 떠났기 때문이다.

미국 사회 각계의 전문가는 그들이 도대체 왜 이런 일을 저질렀는 지 분석에 나섰다. 혹자는 그들이 집단 따돌림을 당해서라고 설명했 고, 어떤 이는 그들이 즐겨 듣던 과격한 록 음악을 원흉으로 지목했다. 또 둘은 평소에 비디오게임을 자주 했는데 폭력적 게임이 그들의 살 인 욕구를 자극했다는 추측과, 사건이 일어난 4월 20일이 인류 역사 상 최악의 독재자인 아돌프 히틀러Adolf Hitler의 생일이란 사실을 들어 그들이 백인 우월주의자로서 대학살을 계획했다는 추정도 나왔다.

그렇지만 아무리 여러 방면으로 분석한들 이 처참한 사태의 도화 선은 뚜렷했다. 바로 고등학생 신분이던 해리스와 클리볼드가 너무 나도 쉽게 총기를 구할 수 있었다는 그 사실이다.

_____ 미국 헌법과 총기 소지권

총기 소지와 휴대에 관해 세계에서 가장 관대한 나라가 미국이다. 미 국은 건국 초기부터 하나의 이름으로 뭉친 나라가 아니었다. 영국과 독립전쟁(1775~1783)을 벌일 때 13개 주로 나뉜 식민지 연합이던 미국은 '하나의 나라'라는 정체성조차 없었다.

이런 역사로 인해 미국에선 국가가 조직한 군대가 아니라, 각 주에서 자발적으로 결성한 민병대의 힘이 강력했다. 독립을 쟁취한 주체가 민병대였기 때문이다. 그래서 미국 독립 초기인 1791년에 제정한 수정헌법 제2조는 "기강이 확립된 민병들로서 자유로운 주의 안보에 필요한 무기를 소장하고 휴대하는 국민의 권리는 침해당하지 않는다."라고 명시한다. 이게 바로 미국 국민이 총을 자유롭게 소지할 수 있는 헌법적 근거다.

그런데 이 조항에는 상당한 논란의 소지가 있다. 문장 앞부분에 "기강이 확립된 민병들로서"라는 표현이 분명히 나오기 때문이다. 그 문구에 집중한다면 '총기는 기강이 확립된 민병대만 소유할 수 있다'는 해석도 얼마든지 가능하다. 한편으론 조항의 뒷부분 "무기를 소장하고 휴대하는 국민의 권리는 침해당하지 않는다."라는 문구에 무게를 싣는다면 '말 그대로 온 국민이 자유롭게 무기를 지니고 다닐 수 있다'는 해석도 과연 무리가 아니다.

따라서 대형 총기 사고가 벌어질 때마다 이 대목은 늘 논란거리가 된다. 총기 소지를 찬성하는 쪽은 '헌법에 무기 휴대의 자유가 명시돼 있다.'라고 목소리를 높이고, 반대하는 쪽은 '그건 민병대의 경우지 일반 국민까지 총기를 자유롭게 지녀도 된다는 뜻이 아니다.'라는 식으로 맞선다.

이런 논란의 결말에서는 언제나 찬성파가 승리를 거뒀다. 찬성파가 승리하는 데 결정적인 역할을 해 온 단체가 바로 이번 이야기의 주인공 '미국총기협회National Rifle Association of America, NRA'다.

2024년 2월 NRA 총회에서 연설 중인 도널드 트럼프.

─── 가장 강력한 로비 단체

NRA는 무려 500만 명에 가까운 회원을 거느리고 수많은 총기 제조 기업으로부터 막대한 후원금을 받는 이익 단체다. 직접적으로 이익을 추구하는 기업은 아니지만 총기 기업의 이익을 가장 적극적으로 대변하는 단체이기에, '최악의 기업' 리스트에서 절대 빠질 수 없다.

또한 NRA는 미국 정치계를 후원하는 최대 규모의 로비 단체 가운데 하나다. 1994년 제104대 의회를 구성하는 선거에선 NRA가 정치자금을 댄 상·하원의원 후보 276명 중 221명이 당선되는 기염을 토했다.

그 위력 덕에 NRA는 미국의 경제지《포춘》이 선정한 '의회에 가장 강력한 영향을 미치는 로비 단체'로 1999년엔 2위, 2001년엔 1위에 올랐다. 또 2012년 미국의 초당파 비영리단체 '선라이트재단'이 실시한 조사에 따르면, 공화당 의원의 88퍼센트(민주당 의원은 11퍼센트)가 NRA로부터 정치자금을 받은 것으로 나타났다. NRA의 재무 보고서에서는 2016년 이 단체가 정치 활동에 쓴 자금 규모가 무려 4억 달러(약 4,800억 원)를 넘어선 사실이 드러나기도 했다.

사정이 이렇다 보니, 뜻있는 정치인들이 일반 국민의 총기 소지를 규제하려 노력해도 NRA의 후원금을 받은 정치인들의 결사반대에 가로막혀서 입법화는 번번이 실패했다. 게다가 500만 명에 달하는 NRA 열성 회원들이 선거 때마다 "총기 규제에 찬성하면 우리는 당신 낙선 운동에 나설 것이오!" 하며 협박하는 통에, 많은 정치인이 이 문제에 입을 닫아 버렸다.

NRA 회원들이 내세우는 대표적 구호가 "총이 사람을 죽이는 게 아니라, 사람이 사람을 죽인다."이다. '치킨은 살 안 쪄요, 살은 내가 쪄요.'라는 식의 웃기는 논리인데, 굳이 풀이하자면 '총이 아니어도 살인할 사람은 한다.'라는 의미일 테다. 하지만 NRA가 간과하는, 혹은 의도적으로 무시하는 사실이 있다. 총으로 사람을 죽이는 일은 칼로 사람을 죽이는 것보다 죄책감이 훨씬 덜하다는 점이다. 총을 손에 쥔 사람은 칼을 쥔 사람보다 사람을 쉽게 죽인다. 심지어 스스로 목숨을 끊는 일에도 대담해진다. 칼로 내 몸을 찌르기보다 총으로 쏘는 일이 월등히 쉽기 때문이다.

그 결과가 무엇일까? 미국 질병통제예방센터^{CDC}의 통계에 따르면

2000년대 중반 이후 미국에선 매년 3만 명 이상이 총기로 목숨을 잃는다. 코로나19가 창궐한 2020년 한 해 동안엔 무려 약 4만 5,000명이 총기 사고로 죽었다. 이런 사태를 조장해 놓고도 NRA의 태도는 변함없다. NRA가 존재하는 한, 하루 평균 120여 명이 총탄에 맞아 죽는 미국 사회가 변화하기란 앞으로도 쉽지 않을지 모른다.

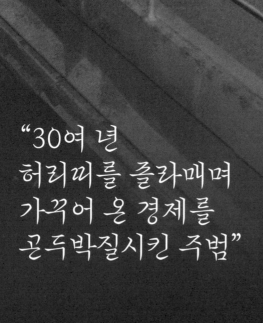

"30여 년
허리띠를 졸라매며
가꾸어 온 경제를
곤두박질시킨 주범"

_《동아일보》

"머슴이 뭘 아냐?"라던 정태수, 외환 위기의 원인이 되다

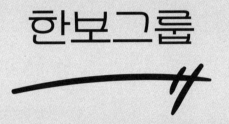

한보그룹

HANBO GROUP

소재지: 대한민국 서울
창립: 1974년
해체: 1997년
분야: 도매업, 건설업, 철강업 등

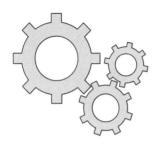

_____ 점쟁이를 사랑한 재벌들

놀랍게도 한국의 재벌들에겐 점쟁이와 얽힌 일화가 많다. 기업의 운명을 이성적 판단이 아닌 점괘에 걸었던 셈인데, 생각해 보면 참으로 어처구니없는 일이다. 예를 들자면 삼성그룹의 창업주 이병철은 이른바 '관상 면접'으로 유명했다. 신입 사원 채용 면접에 점쟁이를 대동해 지원자들의 관상을 보게 하고, 그 내용을 토대로 직원을 뽑은 것이다.

이병철이 대동한 사람은 '함양의 박 도사'라고 불리던 역술인 박재현이었다. 복채로 부산 국제시장에 점포 한 채를 내 줄 정도로 이병철은 박재현의 재주를 아꼈다고 한다. 박재현은 1970년대에 무려 연봉 6,000만 원을 받고 7년이나 삼성그룹의 고문을 지내기도 했다. 그 당시 6,000만 원은 중소 도시의 집을 열 채 넘게 살 수 있는 거금이었다. 박재현에 따르면 그가 삼성그룹에 직간접적으로 추천한 인재는 1,700명이나 된다. 관상 면접으로 뽑힌 이들이 1980~1990년대 삼성그룹을 이끈 주역인 셈이다.

그런가 하면, 2013년 SK그룹 회장 최태원은 SK텔레콤과 SK C&C 등 두 계열사로부터 자금 497억 원을 횡령한 사실이 밝혀져 법정 구속됐다. 그가 회삿돈을 횡령한 이유는 황당하게도 점쟁이에게 사기를 당했기 때문이다. 최태원은 당시 점을 쳐서 주가를 맞히는 것으로 유명했던 김원홍이라는 점쟁이에게 마음을 빼앗겼다. 수백억 원을 점쟁이에게 맡겼다가 돈을 날리자 결국 회삿돈에 손을 대고 말았던 것이다.

또 다른 예로 미래에셋금융그룹 창업주 박현주도 풍수지리에 대단히 민감한 인물로 알려져 있다. 2000년 서울 강남에 사옥을 마련할 때, 박현주가 직접 지관地官과 함께 땅을 보러 다닌 이야기는 유명하다. 비슷하게 LG그룹 전前 회장 구본무 역시 경기 파주에 LCD 공장을 지을 때 사고가 자주 일어나자, 풍수지리학자를 불러 길흉을 점쳤다고 한다.

1923년 경남 진주에서 태어난 정태준이라는 인물이 있다. 진주농림고등학교를 졸업한 그는 청장년 시절 23년간 세무 공무원으로 일했다. 이 당시 세무 공무원은 꽤 막강한 권력을 지니고 있었다. 그들 가운데는 뇌물을 받고 세금을 깎아 주거나, 마음에 안 드는 기업엔 세금을 왕창 물리는 등 나쁜 짓을 저지르는 자도 적지 않았다. 시대 상황으로 미루어 볼 때, 세무 공무원 시절 정태준도 나름 권력을 누리며 상당히 풍요로운 삶을 살았으리라고 추정된다.

그런데 정태준은 한 점쟁이를 만나면서 새로운 삶을 시작하게 된다. 우선 점쟁이는 그에게 "개명하면 운명이 바뀌어 떼돈을 벌 것이

1990년대 당시 한보그룹 본사가 위치해 있던 은마종합상가의 모습.

다."라고 조언했다. 점쟁이 말을 믿은 정태준은 이름을 바꿨는데, 이 자가 바로 한국 경제 역사상 최악의 스캔들 가운데 하나로 꼽히는 '수서 비리 사건'과 '한보 사태'의 주범, 한보그룹의 창업주 정태수다.

_____ 점쟁이의 말대로 사업을 운영한 정태수

정태수가 점쟁이를 얼마나 신뢰했는지는 그가 내린 중요한 사업적 결정들을 보면 알 수 있다. 뒤에서 자세히 살펴보겠지만 '한국 경제 역사상 최대 치욕'으로 꼽히는 1997년 IMF(국제통화기금) 구제금융 요청 사건의 발단이 바로 한보 사태다. 정태수가 은행으로부터 수조 원을 불법으로 대출받아 충남 당진에 제철소를 지었다가 망한 것이 외환 위기의 출발점이기 때문이다.

그렇다면 왜 정태수는 한 번도 해 본 적 없던 철강 사업에 갑자기 진출했을까? 이 또한 점쟁이가 "쇳물을 만져야 큰돈을 번다."라고 조언하는 바람에 시작된 일이었다. 그런데 점쟁이의 영향력은 여기서 끝이 아니었다. 한보그룹의 가장 두드러진 특징은 본사가 서울 강남구 대치동 은마아파트 앞의 낡은 건물인 은마종합상가에 있었다는 점이다. 은마상가는 말 그대로 병원, 헬스장, 부동산 등이 입점한 흔한 상가 건물이었다. 그런데 이 허름한 건물에 전성기 기준 한국 재계 순위 14위에 오른 기업의 본사가 있었던 것이다.

한보그룹을 방문한 사람들은 '이렇게 큰 기업의 본사가 왜 아파트 상가에 있나?'라는 궁금증을 지울 수 없었다. 그런데 이것도 정태수가 점쟁이로부터 "이곳은 돈이 모이는 땅이다."라는 이야기를 들었기 때문이라는 설이 파다하다.

점쟁이 말을 믿고 이름을 바꾼 정태수가 세무 공무원을 그만둔 뒤 처음 뛰어든 사업은 광산업과 건설업이었다. 놀랍게도 그 이유 역시, 점쟁이가 "흙과 관련된 사업을 하면 큰 부자가 된다."라는 점괘를 뽑았기 때문이었다.

_____ 수서 비리 사건으로 촉발된 한보의 위기

1987년 노태우가 대한민국 제13대 대통령으로 당선된 이후 한국 경제는 전성기를 맞았다. 모든 지표를 살펴봐도 1987년부터 1996년까지의 10년은 한국 경제의 최전성기라고 할 만하다. 그 10년간 한국의 경제성장률은 평균 9.2퍼센트였다. 2011년 이후 경제성장률이 대체로 2~3퍼센트대에 머무는 것과 비교하면, 당시 경제가 얼마나 호황이었는지를 충분히 짐작할 수 있다.

경기가 초호황을 누리자 '내 집 마련' 수요도 자연스럽게 늘었다. 1988년 서울올림픽을 앞두고 집값이 폭등하자, 노태우는 "서울 근교와 지방에 주택 200만 호를 짓겠다."라고 선언했다. 우리나라 최초의 신도시가 바로 이때 계획된 분당(경기 성남), 일산(경기 고양), 중동(경기 부천), 평촌(경기 안양), 산본(경기 군포)이다.

그러고도 집값이 도무지 안 잡히자 노태우 정부는 1989년 서울 강남구 수서동·일원동 일대(수서지구)를 추가로 개발하기로 했다. 지금은 강남의 주요 주택가 가운데 하나가 됐지만, 당시만 해도 이곳은 강남에서 개발이 가장 덜된 지역이었다. 노태우가 이곳을 전면적으로 개발해 강남을 확대하겠다고 나선 것이다. 문제는 원래 이곳이 무주택자를 위한 공공 주택을 짓기로 계획된 땅이라는 점이었다. 강남의 마지막 노른자 땅을 정태수는 그냥 두고 보지 않았다. 정태수는 이 땅을 차지해서 아파트를 지어 팔면 떼돈을 벌 수 있겠다고 확신했다.

이 땅의 개발권을 얻기 위해 정태수는 노태우에게 무려 150억 원이 넘는 비자금을 건넸다. 그리고 노태우뿐 아니라 건설부(현재 국토교통부)와 서울시 공무원, 여당(민주정의당) 국회의원, 심지어 야당(평화민주당) 국회의원에게도 뇌물을 뿌리고 다녔다. 애초에 무주택자를 위한 아파트를 짓기로 했던 땅은 엄청난 뇌물 공세로 결국 한보건설에 넘어갔다. 한보건설은 강남 노른자 땅에 아파트를 지어 막대한 돈을 벌었다.

하지만 정태수의 행복은 오래가지 않았다. 1993년 '문민정부'로 불린 김영삼 정부가 들어섰다. 문민정부에서는 군사 쿠데타로 집권한 전두환과 노태우의 비리를 집요하게 파헤쳤다. 결국 전두환·노태우 두 전직 대통령이 모두 구속됐는데, 이 과정에서 노태우가 숨겨둔 비자금의 전모가 밝혀졌다. 정태수가 노태우에게 건넨 150억여 원의 뇌물도 이때 드러났다. 그리하여 정태수도 1995년 11월 29일 구속됐다. 이른바 '수서 비리 사건'이었다.

_____ **풀려난 정태수, 철강업에 뛰어들다**

정태수의 옥살이는 금방 막을 내렸다. 슬픈 사실이지만, 예나 지금이나 우리나라는 재벌들의 뇌물 범죄에 상당히 관대한 편이다. 수서 비리로 구속된 정태수는 "몸이 안 좋아 감옥살이를 할 수 없다."라고 엄살을 부렸다. 법원은 정태수의 주장을 받아들여, 옥살이가 시작된 지 보름여 만에 구속 집행을 정지했다.

여담이긴 하나 정태수가 재판 과정에서 보여 준 꾀병 기술엔 실로 놀라운 면이 있다. 그는 재판에 참석할 때마다 휠체어를 타고 등장했다. 단지 휠체어만 탄 게 아니고, 마스크를 쓰고 링거 주삿바늘까지 팔에 꽂은 채 법정에 들어섰다. 이때부터 한국 재벌들 사이엔 비리를 저질러 재판받을 때면 꼭 마스크를 쓰고 링거주사를 팔에 꽂은 채 등장하는 관행이 생겼다. 정태수가 이른바 '꾀병 퍼포먼스'의 선각자 역할을 한 셈이다.

아무튼 수서 비리로 큰 타격을 입은 정태수는 재기를 위해 철강업에 뛰어들기로 하고 당진에 제철소를 짓기 시작했다. 앞서도 언급했지만, 그 이유는 "쇳물을 만져야 큰돈을 번다."라는 점쟁이의 조언 때문이었다. 하지만 제철소를 짓는 건 상상을 초월할 정도로 많은 돈이 필요한 일이다. 수서 비리 사건으로 감옥에까지 다녀온 정태수에겐 그만한 돈이 없었다. 돈을 빌려야 했는데, 은행은 위기에 빠진 한보그룹에 대출하길 꺼렸다. 잘못했다간 돈을 떼일 수 있으니 당연한 결정이었다.

제 버릇 남 못 준다고 했던가? 정태수는 돈을 마련하기 위해 또

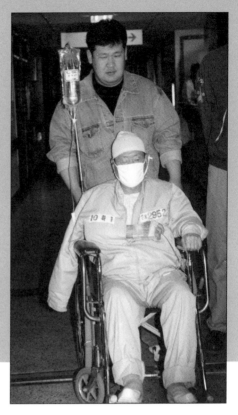

1997년 4월, 휠체어에 탄 채
법정으로 향하는 정태수.

정치권을 기웃거렸다. 정태수가 당시 정권의 실세로 불린, 김영삼 대
통령의 차남 김현철에게 뇌물을 찔러준 뒤 '은행에서 돈을 빌릴 수
있도록 압력을 넣어 달라'고 청탁한 것이다. 김현철 외에도 적지 않은
정계 인사가 정태수로부터 뇌물을 받고 은행을 압박했다. 이렇게 해
서 정태수가 은행으로부터 빌린 돈은 무려 5조 7,000억 원이었다. 오
늘날 물가로 최소 20~30조 원 수준이다.

　　그러나 점쟁이의 말만 믿고서 덤벼든 철강 사업은 제철소가 완공
되기도 전에 망해 버렸다. 1997년 1월 23일 한보철강은 부도났고, 정

태수에게 돈을 빌려준 은행들은 거금을 떼여 극심한 자금난에 시달리게 됐다. 이것이 바로 한국 경제사의 치욕스러운 상처로 남은 '한보 사태'의 요지다.

1997년 4월 검찰이 한보그룹의 비리를 수사하기 위해 정태수를 소환하자, 그는 이전보다 한층 과감한 퍼포먼스를 선보였다. "실어증이 와서 수사받을 수 없다."라는 황당한 주장을 펼친 것이다. 실어증이란 뇌의 손상으로 말을 못 하게 되는 병이다. 말을 못 한다는데 검찰이 무슨 수로 그를 수사한단 말인가? 이 황당한 주장 때문에 검찰은 한동안 정태수를 조사하지 못하고 시간을 보냈다.

정태수가 정말 실어증에 걸렸을까? 그럴 리가. 같은 해 8월 재판이 시작되자 정태수는 언제 실어증에 걸렸었냐는 듯 판사 앞에서 버럭버럭 소리를 지르며 할 말을 다 했다. 심지어는 뇌졸중으로 인한 마비 증세를 호소하던 오른팔까지 휘휘 내저으며 목소리를 한껏 높였다.

이 시기 정태수의 말은 사람들의 뇌리에 깊이 남았다. 서울구치소에서 열린 '한보 비리 사건 국회 청문회'에서 한 야당 국회의원이 "한보그룹 임원이 검찰 수사에서 한 말은 지금 당신(정태수)이 한 말과 다르다."라고 다그치자, 정태수는 "주인인 내가 알지 머슴이 어떻게 압니까?"라고 쏘아붙인 것이다. 주인과 머슴이라니? 1997년이 조선 시대인가? 명색이 한 기업의 임원인 사람을 머슴이라고 묘사하는 정태수의 몰염치한 태도는, 한국 재벌들이 임직원을 얼마나 하찮게 생각하는지를 드러낸 상징적인 장면이었다.

한보 사태는 은행권의 위기를 불러왔고, 결국 그해 말에 터진 외환 위기의 중요한 원인이 됐다. 함께 일하는 사람들은 머슴으로 취급했지만, 점쟁이의 말은 신념처럼 떠받든 정태수. 이 아둔한 경영자의 한심한 경영이 우리나라의 경제를 건국 이래 최악의 상황으로 몰아간 것이다.

"방위산업체의 자금이
우크라이나 관련 논의를
지배한다."

_퀸시연구소

Chapter 20

무기를 팔려면
로비와 비리는 기본이다

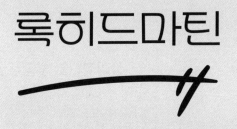

록히드마틴

LOCKHEED
MARTIN

소재지: 미국 메릴랜드
창립: 1995년
분야: 항공우주, 무기, 보안 등

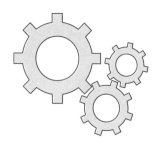

—— 창의력으로 무장한 스컹크웍스

경영학 교재를 보면 미국의 항공기 제조사이자 군사기술 회사인 록히드마틴Lockheed Martin의 태스크포스task force '스컹크웍스'에 관한 설명이 종종 나온다. 태스크포스는 쉽게 말해 기동 조직, 즉 늘 존재하는 게 아니라 특정한 과제를 수행하기 위해 한시적으로 운영하는 팀을 뜻한다.

그렇다면 스컹크웍스는 무엇을 했던 팀일까? 그보다 어째서 팀 이름에 스컹크가 들어가는 걸까? 여기서 스컹크는 우리가 아는 방귀 냄새 고약한 포유류 동물을 의미하는 게 맞다. 이 팀은 냄새가 고약한 화학무기를 만드는 태스크포스였을까?

그렇진 않다. 스컹크웍스가 꾸려진 때는 제2차 세계대전이 절정이던 1943년이었다. 미국이 전쟁에서 승리할 수 있도록 강력한 성능의 신무기를 개발해야 했던 록히드마틴은 기존의 상상력을 뛰어넘는 혁신적 무기를 만들고자 했다.

하지만 기존의 팀들을 아무리 다그쳐도 놀랄 만한 아이디어는 나오지 않았다. 스컹크웍스는 바로 이런 한계를 극복하기 위해 만들어진, 오로지 혁신적인 아이디어를 생산하는 일에 전념하는 태스크포스였다.

스컹크웍스가 경영학 교재에 실릴 정도로 유명해진 까닭은 팀의 구성이 황당했기 때문이다. 팀 구성원의 나이대부터 무척 다양했으며 록히드마틴은 스컹크웍스 멤버를 뽑을 때 국적, 종교, 인종, 성별, 임신·장애 여부 등 어떤 것도 고려하지 않았다. 그들이 중요하게 여긴 것은 단 하나, '얼마나 무기에 미쳐 있느냐'는 점이었다. 스컹크웍스 멤버들을 한 단어로 표현하자면 '밀덕', 즉 군사 분야 애호가였던 셈이다.

스컹크웍스의 사무실은 미국 캘리포니아주 록히드마틴 공장 한 귀퉁이에 천막으로 설치한 막사였다. 하필 공장 주변에 고약한 냄새가 많이 나서 한 팀원은 장난삼아 방독면을 쓰고 출근할 정도였고, 어느 만화에 나온 '죽은 스컹크로 무언가를 만드는 공장'의 이름을 따서 스컹크웍스라는 팀의 별칭이 생겼다.

이 팀의 가장 큰 특징은 록히드마틴의 누구에게도 어떤 사소한 통제조차 받지 않았다는 점이다. 멤버들은 유연하게 출퇴근하고 많은 자유 시간을 보장받았다. 놀고 싶을 때 놀고, 토론하고 싶을 때 모여서 수다 떨었다. 물론 이들의 이야기 주제는 대부분 무기에 관한 것이었다. 스컹크웍스로 모인 밀덕들은 먹고 마시고 놀면서 자유롭게 아이디어를 공유했다.

스컹크웍스의 대표작은 1950년대 중반 개발되어 소련 영공을 비록히드마틴이 내놓은 세계 최초의 스텔스 전투기인 F-117.

밀리에 휘저은 U-2 정찰기다. U-2는 비록 속도가 느리지만 지상에서 무려 21킬로미터 높이를 날아오를 수 있는 파격적 기능을 선보였다. 또한 스컹크웍스는 "인류가 만든 가장 혁신적인 정찰기"란 호평을 들은 SR-71을 1964년에 내놓으면서 본격적으로 명성을 떨치게 됐다. 오징어 모양의 SR-71은 인류 역사상 처음으로 음속의 세 배를 넘어선 정찰기였다.

한편 스컹크웍스는 1983년에 세계 최초의 스텔스 전투기 F-117을 발표하기도 했다. 스텔스 전투기는 적의 감시망에 포착되지 않는 기술을 지닌 전투기를 말한다. 스텔스 기술은 지금까지도 공중전 역사상 가장 위대한 발명 가운데 하나로 평가받는데, 40년 가까이 지난 현재도 여전히 각 나라의 주요 전투기에 사용된다.

_____ 창의력을 망친 비리와 로비

스컹크웍스는 '창의력이 얼마나 위대한 성과를 낳을 수 있는지', 그리고 '창의력 발휘를 위해 통제·규율이 아니라 자유분방함이 왜 필요한지'를 알려 준 매우 중요한 사례다. 그런데 현대 경영학에 크게 공헌한 록히드마틴엔 의외의 약점이 있다. 생산한 무기를 각 나라에 팔아먹으려고 갖은 로비와 불법을 저질렀다는 점이다.

원래 항공기나 무기 산업 분야엔 로비와 비리가 판친다. 이유는 간단하다. 제품 가격이 어마어마하게 비싸기 때문이다. 예를 들어 작은 여객기 한 대의 가격이 1,000억 원에 이르고, 큰 것은 4,000억 원을 넘는다. 큰 비행기 한 대를 팔면 자동차 1만 대를 판 것과 비슷한 매출액인 셈이다. 록히드마틴이 자랑하는 스텔스 전투기 F-35의 한 대 가격도 2021년 기준 1,000억 원에 육박한다. 이 가격도 많이 낮아진 편에 속하는데, 전성기 시절 F-35의 한 대 가격은 1,700억 원을 넘었다.

가격이 이렇다 보니 여객기·전투기 한 대만 팔아도 벌어들이는 돈이 엄청나서, 기업들은 그 한 대를 팔기 위해 정재계 인사들에게 온갖 뇌물을 바치는 등 비리를 서슴지 않는다. 록히드마틴은 바로 이 뇌물 비리 분야의 선두에 선 기업이다.

대표적인 비리가 록히드 사건Lockheed bribery scandals이다. 이 사건은 '한 번의 비리'를 말하는 게 아니다. 1950년대 후반부터 1970년대까지 항공기를 팔기 위해서 록히드마틴은 일본, 독일(당시 서독), 이탈리아, 네덜란드, 이란, 필리핀, 인도네시아 등 오만 나라의 정치권에 뇌물을 뿌리고 다녔다. 그러한 일련의 비리를 통틀어 이르는 말이 바로 '록히드 사건' 되겠다.

록히드마틴은 일본에 자사 여객기를 팔기 위해 수많은 정치인은 물론이고 당시 총리였던 다나카 가쿠에이에게까지 뇌물을 바쳤다. 뇌물의 규모도 어마어마했다. 다나카가 받은 뇌물만 5억 엔(1976년 기준 약 8억 원), 로비를 위해 록히드마틴이 일본 정재계에 쏟아부은 돈은 총 24억 엔(1976년 기준 약 39억 원)이었다. 이 사건이 1970년대 중반에 벌어졌다는 점을 감안한다면, 실로 천문학적인 금액이 로비에 사용된 것이다. 그 일로 다나카는 퇴임 후 구속되기에 이르렀다. 이 사건은 일본 정부 역사상 최악의 뇌물 스캔들로 남았다.

───── 한국도 피해 갈 수 없었다

비슷한 시기 록히드마틴은 유럽의 정계에도 뇌물을 뿌리고 다녔다. 그 사건의 여파로 이탈리아 제6대 대통령인 조반니 레오네Giovanni Leone 는 임기 종료를 단 6개월 남겨 놓고 직에서 물러나야 했다.

한편 록히드마틴이 네덜란드에서 로비를 벌인 대상은 당시 국왕 율리아나Juliana의 남편인 베른하르트Bernhard였다. 국왕의 남편이 군사 기술 회사로부터 거액의 뇌물을 받은 사실이 드러나면서 네덜란드 정가가 일대 혼란에 빠진 것은 당연했다. 이 사건으로 율리아나는 퇴위 위기까지 몰리기도 했다.

슬픈 이야기지만 북한과 대치하며 매년 막대한 국방 예산을 사용하

1993년 율곡사업 국정조사에서 증인 선서 중인 (왼쪽부터)이상훈, 이종구, 김종호, 한주석.

는 우리나라도 록히드마틴의 비리로부터 자유롭지 않다. 1993년 전모
가 밝혀진 이른바 '율곡사업 비리 사건' 때문이다. 노태우 정권 시절
록히드마틴은 한국의 국방부 장관과 장성들에게 무차별적으로 뇌물
을 제공했다. 그 덕에 전투기 구매 심사 때 우수한 평가를 받은 미국
군수 업체 맥도널더글러스McDonnell Douglas의 중형급 전투기 F/A-18은
탈락하고 록히드마틴의 F-16이 한국에 도입됐다.

　이 비리가 드러나면서 뇌물을 받은 이상훈·이종구 전前 국방부 장
관, 김종호 전 해군 참모총장, 한주석 전 공군 참모총장 등은 줄줄이
구속되었다. '박정희-전두환-노태우'로 이어진 오랜 군사독재 기간
에 이런 방식으로 자신들의 배를 불렸던 군 수뇌부의 처참한 비리가
마침내 수면 위로 드러난 것이다.

　누군가는 말한다. "원래 군수 업체와 항공기 제작 업체는 로비와

비리를 기본으로 저지르는 법이다."라고 말이다. 틀린 말은 아니다. 미국을 대표하는 항공 기업인 보잉Boeing이나 유럽을 대표하는 에어버스Airbus 등도 비슷한 비리에 휘말린 적 있다.

하지만 대규모 비리에 록히드마틴만큼 이름을 자주 올린 기업은 없다. 2015년 미국의 경제지 《포브스》가 '록히드마틴의 로비·사기 혐의에 관한 10가지 최악의 사실'이라는 제목의 특집 기사를 실었을 정도로, 록히드마틴은 비리 분야에서 독보적인 발자취를 남겼다. 이것이 과연 우연일까?

————— 냄새가 나는 데는 이유가 있는 법

통계에 관한 법칙 가운데 '하인리히법칙'이라는 게 있다. 앞서 4장에서 살펴보았듯, 이는 미국의 산업 안전 전문가인 허버트 윌리엄 하인리히가 1931년에 정립한 산업재해 관련 법칙이다.

내용을 간단히 되짚어 보자면, 보험회사에 재직하며 공장에서 일어난 사고를 조사하던 하인리히는 한 건의 사망 사고가 생기기 전, 예외 없이 그 수십 배에 이르는 경미한 사고와 수백 배에 이르는 사고 징후가 먼저 발생한다는 사실을 발견했다. '1 : 29 : 300'에 수렴하는 그 비율은 다른 산업 분야에도 신기할 정도로 잘 들어맞았다. 좀 지저분한 표현이지만 우리 속담 중 "방귀가 잦으면 똥 싸기 쉽다."라는 말이 틀린 데 하나 없었다고나 할까?

그렇다면 생각해 보자. 록히드마틴이 벌인 로비, 정확히 말해 '적발된 로비'는 단지 운이 없었기 때문에 그렇게 많이 발각됐을까? 물론 다른 군수 업체나 항공기 제작 업체도 로비를 벌인다. 하지만 록히드마틴의 비리가 유독 많이 적발된 까닭은, 이들이 다른 업체보다 훨씬 많은 로비와 비리를 저질렀기 때문이라고 보는 것이 통계학적으로 더 정확하다. 방귀를 훨씬 더 많이 뀌었기 때문에 똥이 더 많이 나왔다는 이야기다.

록히드마틴이 특히 악질적인 이유는 그들이 반성을 할 줄 모르는 기업이기 때문이다. 록히드마틴은 1976년 회계 담당자의 증언을 시작으로 각국에 뇌물을 제공한 정황이 모두 밝혀졌지만, 이후 벌어진 한국의 율곡사업 비리 사건에서도 알 수 있듯 더러운 뒷거래를 멈추지 않았다.

고약한 냄새로 유명한 스컹크에 빗댄 스컹크웍스를 통해 가장 창의적인 기업 가운데 하나로 이름을 떨친 록히드마틴. 하지만 그들은 비리 분야에서 고약한 냄새를 유난히 많이 풍긴 기업이란 오명을 지금도 씻지 못하고 있다.

"닭장을
여우에게 맡긴 꼴"

_카를로 디 플로리오, 전 미국 증권거래위원회 위원

200년 역사의 은행,
단돈 1파운드에 팔리다

베어링스은행

BARINGS
BANK

소재지: 영국 런던
창립: 1762년
해체: 1995년
분야: 은행업

—— **레버리지의 절정, 선물**

"선물? 선물로 그 돈을 써? 누구 선물을 얼마나 비싼 걸 산 거야?" 넷플릭스 드라마 〈오징어 게임〉(2021)에서 주인공 성기훈(이정재 분)이 한 대사다. 이 질문이 향하는 곳은 기훈이 어릴 적부터 동네에서 알고 지낸 동생 조상우(박해수 분)다. 서울대를 졸업한 상우는 금융회사에 다니다가 60억 원의 빚을 졌다. 기훈이 "너 증권회사 다닌다더니 주식을 한 거야?"라고 묻자, 상우는 "주식은 그렇게 크지 않고… 선물을 했어."라고 답한다. 이에 놀란 기훈의 대사가 바로 "누구 선물을 얼마나 비싼 걸 산 거야?"였다.

　여기서 피식하고 웃은 사람은 '선물'이 뭔지 아는 사람이다. 하지만 대다수 시청자는 그 대사가 정확히 무엇을 뜻하는지를 몰랐을 테다. 상우가 말하는 선물은 'gift'가 아니다. 한자로는 '先物'이라 쓰고, 영어로는 미래를 의미하는 단어의 복수형인 'futures'를 사용하는 금융 상품의 일종이다.

우리에겐 낯설지만 이런 선물을 주로 거래하는 대기업 계열 금융 회사도 있다. '삼성선물'이나 지금은 사라진 'LG선물' 같은 회사다. 그런데 예전엔 이들 회사에 명절 때만 되면 "지인들에게 단체로 명절 선물을 돌리려고 하는데 견적 좀 부탁드려요."라는 문의 전화가 쏟아졌다. 그럴 때마다 직원들은 "저희는 그 선물을 파는 회사가 아니고, 금융 상품인 선물을 다루는 곳입니다."라고 설명하느라 진땀을 뺐다고 한다.

선물이 무엇인지 이해하려면 레버리지leverage라는 금융 용어부터 알아야 한다. 이 단어의 원래 뜻은 '지렛대의 힘'이다. 예를 들어 자금 1억 원을 가진 사람이 은행에서 4억 원을 빌린 뒤 5억 원짜리 아파트를 샀다고 가정해 보자. 만약 아파트 가격이 10퍼센트 떨어져서 4억 5,000만 원이 되면 이 사람의 수익률은 '−10퍼센트'일까?

그렇지 않다. 이 사람의 원래 재산은 1억 원뿐이고, 나머지 4억 원은 은행으로부터 빌린 돈이다. 5억 원짜리 아파트가 4억 5,000만 원으로 하락하면 이 사람의 순수한 재산은 5,000만 원이 남으므로 수익률은 '−50퍼센트'(1억 원 → 5,000만 원)가 된다. 자금이 반토막 났다는 이야기다.

반대로 아파트 가격이 10퍼센트 올라 5억 5,000만 원이 돼도 같은 현상이 나타나, 이 사람의 수익률은 '+10퍼센트'가 아니라 '+50퍼센트'(1억 원 → 1억 5,000만 원)로 치솟는다. 이것이 바로 지렛대효과, 즉 레버리지효과다. 부동산값은 고작 10퍼센트 변했을 뿐인데 수익률은 50퍼센트나 오르내리는 현상이 벌어지는 것이다.

—— 베어링스은행의 파산

선물은 금융시장에서 거래되는 대표적인 레버리지 상품이다. 꽤 복잡한 수익 구조를 간단하게 설명하자면, 선물은 '미래에 가격이 변동할 가능성을 점쳐 거래하는 것'이다. 일종의 도박과 같다. 주가가 오르거나 내리는 쪽에 베팅한 뒤 투자자의 예측이 맞으면 거액을 챙길 수 있지만, 주가가 예측과 반대로 움직이면 돈을 잃는다.

문제는 앞서 말한 것처럼 선물의 레버리지가 주식에 비해 훨씬 크다는 점이다. 선물의 레버리지는 일반 주식거래의 대여섯 배에 달한다. 주가가 10퍼센트 오르내리면 선물 수익률은 50~60퍼센트나 등락한다는 의미다.

선물 투자를 해 본 사람들은 한결같이 "선물에 손대기 시작하면 주식 같은 시시한 것으론 절대 만족 못 한다."라고 말한다. 그 정도로 선물 투자는 사행성이 강하다. 한번 예상이 적중하면 엄청난 수익을 보는 짜릿함 때문에, 하면 할수록 더욱 깊이 빠져드는 중독성까지 있다. 오죽하면 "선물 시장은 국가가 공인한 초대형 도박장"이라는 말까지 나돌까?

한때 영국엔 '베어링스은행Barings Bank'이라는 곳이 있었다. 1762년 창립돼 1990년대 중반엔 영국 내 금융 그룹 순위 6위를 차지할 정도로 거대했던 베어링스그룹의 주축 계열사였다. 규모도 규모지만, 이 은행은 유구한 역사로 유명했다. 주요 고객 가운데는 영국 여왕인 엘리자베스2세Elizabeth II도 있어서 '여왕의 은행'이라는 별칭까지 얻었다. 쥘 베른Jules G. Verne의 『80일간의 세계 일주』에서 주인공 필리어스 포그가 내기 판돈을 맡긴 은행도 이곳이며, 알렉상드르 뒤마^{Alexandre Dumas}의 『몬테크리스토 백작』에도 주인공 에드몽 당테스가 무제한 대출권을 받아 종종 이용하던 은행으로 나온다.

이런 유서 깊은 은행이 1995년 2월, 한순간에 망해 버렸다. 당시 베어링스은행의 빚은 무려 10억 달러, 우리 돈으로 7,700억 원(1995년 기준)이 넘었다. 파산한 뒤 베어링스그룹은 네덜란드 최대 금융그룹인 'ING그룹'에 통째로 팔렸는데 매각가는 고작 1파운드, 당시 우리 돈으로 1,200원 남짓한 금액이었다. 베어링스은행은 ING그룹이 빚을 모두 떠안는다는 조건으로 이런 치욕적인 가격에 팔린 것이다. 이후 베어링스그룹의 몇몇 계열사는 살아남았지만 베어링스은행은 끝내 그 이름을 되찾지 못했다.

역사와 전통을 자랑하던 은행이 어떻게 하루아침에 망해 버렸을까? 이유는 단 하나, 베어링스은행이 선물 투자에 나섰다가 큰 실패를 겪은 탓이다.

_____ 트레이딩계의 마이클 조던

파산 직전까지도 베어링스은행엔 아무 문제가 없는 듯 보였다. 아니, 오히려 그때 베어링스은행은 꽤 잘나가는 축에 속했다. 베어링스은행에는 "선물 시장의 최대 스타"로 불린 젊은 파생 상품 딜러, 닉 리슨^{Nick Leeson}이 있었기 때문이다.

1987년 베어링스은행은 싱가포르 지사를 설립했고, 1992년부터

1999년 싱가포르의 교도소에서 석방된 직후의 닉 리슨.

리슨은 이곳에서 근무하며 아시아 최대 증권시장인 일본 증시의 선
물을 집중적으로 거래했다. 그의 활약은 실로 눈부셨다. 싱가포르 지
사는 1992년 한 해에만 1,000만 파운드(당시 기준 약 137억 원)가 넘는
수익을 본사에 안겼고, 이듬해인 1993년에도 베어링스은행 전체 순
이익의 10퍼센트에 기여할 정도로 잘나갔다. 전성기의 리슨은 싱가
포르 지사 수익의 5분의 1을 혼자 벌어들일 정도로 영향력이 매우 막
강해서, 이런 그에게는 "트레이딩계의 마이클 조던Michael J. Jordan"이란
별명이 붙을 정도였다.

역사에서 가정은 부질없다지만, 1995년 '그 일'이 벌어지지 않았
다면 리슨은 이후에도 꽤 오랫동안 잘나가는 파생 상품 딜러로 명성
을 얻으며 군림했을지 모른다. 무엇보다 230년 넘는 역사를 자랑하던

베어링스은행이 허망하게 무너지지 않았을지도 모른다. 하지만 그 일은 벌어지고야 말았다. 1995년 1월 17일 오전 5시 46분 51.8초, 우리에게 '고베 대지진'으로 유명한 일본 효고현 남부 지진이 발생한 것이다. 이는 일본 기상청의 진도계급에서 최초로 최대 진도인 7이 기록된 지진이었다.

_____ 위험관리 시스템 발전의 씁쓸한 이면

1995년 초 닉 리슨은 일본 증시가 안정적으로 성장하리라 보고 선물시장에서 주가가 오르는 쪽에 거액을 베팅했다. 그런데 1월 17일 효고현 남부에 일본 기상청 규모 7.3의 지진이 터지고 말았다. 도쿄증권거래소의 주요 주가지수인 닛케이 평균주가Nikkei 225는 4거래일 만에 7.6퍼센트 급락했고, 예측에 실패한 리슨은 상상을 초월하는 거액을 날렸다.

도박으로 돈을 잃은 사람은 속된 말로 '눈이 뒤집힌다'. 리슨도 마찬가지였다. 그때라도 이성을 찾고 차분히 대응했더라면 손실을 최소화할 수 있었을 텐데, 리슨은 대지진으로 주가가 급락하자 '지진 피해 복구를 위한 재정지출 증가로 일본 경제가 회복되고 주가도 상승할 것'이라며 주가가 상승하는 쪽에 다시 거액을 베팅했다.

하지만 그의 바람과 달리 일본 증시는 1995년 2월 들어서도 하락세를 나타냈다. 그가 재직하며 베어링스은행에 입힌 손실은 무려 약 8억 3,000만 파운드, 우리 돈으로 1조 원(1995년 기준)이 넘는 거액이었다. (조사 결과 리슨은 이전에도 선물 거래로 큰 손실을 보았지만, 비밀 계좌를 이용해 그 사실을 은폐해 왔음이 드러났다.) 충격을 이기지 못한 베어링스은행은 결국 파산하고 말았다.

문제는 리슨이 이런 짓을 저지를 동안, 베어링스은행이 전혀 관리·감독하지 못했다는 점에 있다. 물론 그건 베어링스은행만의 문제는 아니었다. 왜냐하면 당시 세계 주요 은행의 경영 행태가 다 비슷했기 때문이다. 리슨처럼 돈을 잘 벌어다 주는 트레이더가 있으면 그에게 모든 것을 맡겨 버리는 식으로 운영한 것이다.

효고현 남부 지진 직후 큰 손실을 본 리슨이 또다시 거액을 베팅할 수 있었던 이유도, 직원들을 감독하는 데 소홀했던 당시 금융 업계의 잘못된 관행 탓이었다. 이 말인즉 운이 나빴다면 다른 금융회사들도 베어링스은행과 비슷한 사태를 충분히 겪을 수 있었다는 이야기다.

그러나 불운은 베어링스은행을 저격했고 이 사건 이후 금융회사들은 '직원들을 어떻게 관리해야 하는지, 위험성이 높은 상품에 투자할 때 어떤 원칙을 지켜야 하는지' 등 규칙을 정비하기 시작했다. 베어링스은행은 망했지만, 그를 반면교사 삼아 금융회사들의 위험관리 시스템이 비약적으로 발전한 셈이다.

한국에서도 이와 비슷한 일이 있었다. 2001년 미국에서 벌어진 9·11테러가 발단이었다. 테러가 벌어진 직후 국내 주식 투자자들은 공포에 빠졌다. 특히 선물을 전문적으로 다루던 트레이더들이 느낀 충격과 공포는 상상을 초월하는 수준이었다. 한 선물 트레이더는 "단두대에 끌려가는 심정이었다. 시장이 열리면 우리는 모두 죽는 게 뻔

했다. 그런데 아무 해결책이 없었다. 그냥 앉아서 죽는 순간만 기다리고 있었다."라고 당시를 회고했다.

실제로 9월 12일 증시가 개장한 뒤 한국거래소 유가증권시장의 종합주가지수인 코스피KOSPI는 12.02퍼센트나 급락했다. 주식 투자자 대부분이 큰 손해를 봤다. 그런데 12.02퍼센트의 손실이 과연 '단두대'의 공포를 느끼게 할 정도였을까? 엄청난 손실이긴 하지만, 그 정도라면 얼마든지 재기를 노릴 수 있는 것 아닌가?

하지만 이 경우엔 그렇지 않았다. 여기서 단두대의 공포를 느낀 사람들은 선물 상승에 베팅한 이들이었다. 앞서 이야기했듯 선물의 레버리지는 일반 주식 투자의 대여섯 배에 이른다. 주가가 12퍼센트 빠지면 선물 상승에 베팅한 이들의 수익률은 '−70퍼센트'에 육박한다. 원금의 대부분을 날리는 것이다.

이 때문에 당시 고객의 돈으로 선물을 거래하던 '사설 불법 투자 기관'(당시에는 금융 당국으로부터 허가를 받지 않고 불법으로 고객을 모집해 증시·선물에 투자하는 사설 기관이 꽤 많았다.) 수백 곳이 망했다. 대형 금융기관의 손해도 엄청났다. 그러나 한국 대형 금융기관들의 위험관리 시스템이 대폭 강화된 것도 같은 시기였다. 소 잃고 외양간 고친 격이었지만, 그 덕에 오늘날 한국의 금융기관들이 선진국 못지않은 위험관리 시스템을 갖추게 된 것이다.

"고물, 마약 밀매,
자금 세탁, 부패 및
기타 심각한 범죄에
연루된 고객들"

_《가디언》

스위스 은행으로
검은돈이 몰린다고?

**UBS
GROUP**

소재지: 스위스 바젤 및 취리히
창립: 1862년
분야: 은행업

—— 지하경제 자금을 양지로 끌어올려라

박정희 전 대통령이 '대통령 권한대행'으로서 국정을 이끌던 1962년 봄 어느 날, 당시 재무부 장관이던 천병규를 비롯한 다섯 명의 '화폐개혁 준비팀'이 비밀리에 구성됐다. 이들은 화폐개혁 업무를 맡기 직전 "기밀을 누설할 경우 총살형도 감수한다."라는 무시무시한 선서를 해야 했다는 이야기도 전해진다. 화폐개혁이란 화폐에 적힌 액면가의 숫자나 단위를 조정하는 조치다. 보통 화폐에 적힌 숫자를 10분의 1 혹은 100분의 1 수준으로 깎아 버리는 작업을 의미한다.

　영국에서 제조해 온 새로운 화폐는 화폐개혁을 시행하기 44일 전, 철저한 보안 아래 부산항에 도착했다. 새 돈이 든 상자는 '폭발물'이라는 딱지가 붙은 채 은밀히 보관됐다. 그리고 그해 6월 9일, 이른바 「긴급통화조치법」이 발동된다. 화폐단위를 '환'에서 '원'으로 바꾸고, 10환을 1원으로 교환하는 화폐개혁을 실시한 것이다. 지금 생각해 보면 국가 경제에 지대한 영향을 미치는 정책을 왜 군사작전 펼치듯이

1962년 화폐개혁 당시 은행에서 화폐를 교환 중인 시민들.

비밀리에 진행했는지 이해가 가지 않는다. 모름지기 이런 일은 공개적으로, 여론의 향배를 봐 가며 추진해야 한다. 그것이 민주주의 사회다. 하지만 박정희 정권은 그렇게 하지 않았다.

화폐개혁은 박정희 군사정부가 행한 수많은 경제 관련 정책 가운데 최악의 하나로 기록되고 말았다. 갑자기 돈의 단위가 바뀌어 버리자 사회의 혼란이 극도로 가중됐기 때문이다. 이어서 물가도 치솟았다. 1,000환 하던 물건이 100원으로 바뀌면 어쩐지 가격이 내린 것처럼 느껴져 물가가 오르기 쉬운 까닭이다.

이런 혼란이 뻔히 예상된 상태에서 박정희 정권은 왜 화폐개혁을 실시했을까? 바로 지하경제에서 도는 자금을 잡아내기 위해서였다. 지하경제란 정부의 과세를 피해 숨은 경제활동을 말한다. 세금은 소득이 있는 곳에 부과된다. 그래서 은행 계좌로 거래하는 소득 대부분을 국세청이 잡아낸다. 하지만 국세청이 파악하기 어려운 부분이 있다. 마약 매매나 성매매, 도박 등 각종 범죄행위로 발생하는 수익이 대표적이다. 이런 지하경제의 은닉 자금은 보통 은행에 정상적으로 저축하지 않는다. 국세청에 적발될 위험이 있기 때문이다. 그래서 검은돈은 현금 형태인 경우가 많다.

박정희 정권이 기습적으로 화폐개혁을 실시한 이유가 바로 여기에 있다. 화폐단위가 '환'에서 '원'으로 바뀌면 환 단위로 지하 자금을 가지고 있던 자들은 싫으나 좋으나 돈을 바꾸러 은행에 가야 한다. 그렇게 지하 자금을 수면 위로 끌어올려 범죄 자금은 압수하고 세금을 적정히 매기려는 것이 화폐개혁의 의도였다.

_____ 중립을 표방한 스위스의 주력 사업

다른 이야기를 하나 해 보자. '세계에서 가장 살기 좋은 나라'라는 별칭이 있는 유럽의 산악 국가 스위스는 사실 한때 지독히도 못살던 후진국이었다. 국토가 온통 산으로 둘러싸여서 먹을 것 자체가 별로 없었기 때문이다.

한편 중세 때 스위스는 '용병의 국가'라고 불리기도 했다. 알프스 산악 지대에 자리한 스위스 국민은 억세고 강했으나 지형의 불리함 때문에 제대로 된 농사를 지을 방법이 없었다. 그래서 이들이 생계를 이어 가기 위해 선택한 방법은 바로 다른 나라에 병사로 고용되는 것, 즉 용병이 되는 일이었다.

스위스 용병은 그 용맹성을 인정받아 오랫동안 명성을 떨쳤지만, 이는 역설적으로 스위스 경제가 얼마나 오랫동안 피폐했는지를 증명한다. 오죽 먹고살 길이 없었으면 목숨을 걸고 다른 나라 전쟁에 대신 나서 주는 것으로 밥벌이를 했겠느냐는 말이다. 이처럼 스위스는 알프스산맥을 낀 산악 지형이라는 저주 같은 운명 탓에 유럽에서 늘 변방에 머무른 약소국가였다.

그러던 스위스가 경제적으로 도약하는 일대의 계기를 마련했다. 19세기 초반, 나폴레옹Napoléon이 이끄는 프랑스와 영국, 프러시아, 러시아, 오스트리아의 연합군이 치열한 전투를 벌이던 당시 중간에 끼어 오도 가도 못 하는 신세이던 스위스는 1813년 영세중립永世中立, 즉 '영원히 누구 편도 들지 않겠다'는 선언을 했다. 그리고 2년 뒤인 1815년 유럽의 여러 나라로부터 영세중립국임을 인정받았다.

세계 최초로 영세중립국이 되자 스위스의 많은 것이 변했다. 스위스는 냉전 시대에도 영세중립국이라는 지위를 활용해 미국 혹은 소련 어느 한쪽의 편을 절대 들지 않았다. 사정이 이렇다 보니 국제분쟁이 생길 때 중재 회의는 대부분 스위스에서 열렸다. 그곳이 중립국이기 때문이다. 지금도 스위스 제네바에는 국제연합UN의 유럽 본부를 비롯해 국제적십자위원회ICRC, 세계무역기구WTO 등 30개가 넘는 국제기구와 250개 이상의 비정부기구가 본부를 두고 있다. 스위스가 세계 외교의 중심지가 되자 수려한 알프스산맥의 풍광을 이용한 관광업도 훨씬 활성화했다.

—— 스위스의 비밀 은행, 검은돈이 몰린다

다시 맨 처음 이야기로 돌아오자. 우리나라뿐 아니라 전 세계에는 실로 천문학적인 액수의 지하경제 자금이 존재한다. 이 규모가 얼마인지 정확히 알 방법은 없다. 지하경제란 원래 '숨어 있는 것'이기 때문이다.

그런데 지하경제가 겪는 치명적 문제가 하나 있다. 지하 자금을 현금으로 보관하는 데 한계가 있다는 점이다. 한두 푼이야 보관하기 쉽지만 수천억, 수조 원 단위가 되면 보관 자체가 어렵다. 보관한다 한들 사용은 어떻게 하나? 1,000억 원짜리 물건을 살 때 현금을 낸다고 생각해 보라. 그 엄청난 돈을 운반하기조차 어렵다. 이런 지하자금을 보관·사용하기 위해서는 결국 은행 시스템을 이용할 수밖에 없다. 문제는 은행에 그 돈을 입금하는 순간 돈의 출처를 밝혀야 하고, 어느 나라건 과세 당국의 표적이 될 수밖에 없다는 점이다.

그런데 이를 단칼에 해결해 주는 은행이 있다. 바로 영세중립국 스위스의 은행들이다. 스위스를 대표하는 은행인 UBS를 필두로, 이 나라의 금융 업체들은 세계에서 가장 많은 돈을 보유한 은행으로 꼽힌다. 그 이유는 바로 스위스 은행의 오랜 '비밀주의' 덕분이다.

영화에서 범죄자들이 스위스 은행의 계좌를 이용하는 장면을 숱하게 볼 수 있다. 심지어 북한을 소재로 한 드라마나 영화에도 스위스 은행 계좌의 존재가 나온다. 북한은 전 세계적으로 금융 제재를 받아 서구 사회의 은행을 이용할 수 없는 나라다. 그런데도 '북한의 고위층이 스위스 은행에 돈을 맡겼다'는 이야기가 등장한다.

스위스 1, 2위 은행인 UBS와 크레디트스위스의 본사 건물.

어떻게 이런 일이 가능할까? 스위스 은행은 '그 어떤 상황에서도 고객의 비밀을 누설하지 않는다'는 비밀주의 원칙을 적용하기 때문이다. 이게 얼마나 철저하냐면, 범죄 자금을 스위스 은행에 맡기더라도 어떤 국가도 그 자금의 흐름을 추적할 수 없다. 게다가 스위스는 영세중립국이기까지 하니 전 세계 모든 범죄 자금이 스위스로 몰려들 수밖에 없다. 냉전 시대에 스위스 은행은 서유럽 자유주의 진영의 범죄 은닉 자금도 유치했고, 동유럽 사회주의 진영의 비자금도 쓸어 담았다.

이렇다 보니 스위스 은행은 탈세범과 테러리스트는 물론, 각국 독재자들의 '비밀 금고' 노릇을 톡톡히 하기에 이르렀다. 심지어 제2차 세계대전 직후 패전한 독일의 나치 잔당도 비자금을 스위스 은행에 맡길 정도였다. 나치당이 유럽을 쑥대밭으로 만든 일을 생각하면 스위스 은행이 그들의 돈을 보관해 줬다는 사실은 이례적이다. 유럽 전역이 스위스 은행을 비난했지만 스위스는 끄떡도 하지 않았다. 영세 중립국과 은행의 비밀주의는 자신들의 오랜 원칙이라며 말이다.

여기서 얻는 수익도 막대하다. 보통 은행에 돈을 맡기면 은행은 고객에게 이자를 준다. 하지만 스위스 은행에 돈을 맡길 때는 이자를 받을 생각은 하지 않는 것이 좋다. 이자는커녕 되레 예금하는 쪽이 보관료를 내야 할 때가 많기 때문이다.

워낙 이쪽 은행을 찾는 '더러운 돈'이 많은 탓에 스위스 은행은 이런 배짱을 부린다. 하지만 검은돈을 가진 이들은 대안이 없으니 보관료를 내면서까지 스위스 은행을 이용한다. 그리고 그 중심에는 스위스를 비롯한 전 세계에서 거대 규모 투자은행으로서의 명성을 떨치는 이번 호의 주인공 UBS가 있다.

—— 스위스 은행을 향한 거센 비판과 논쟁

범죄 자금까지 숨겨 주는 스위스 은행의 비밀주의가 과연 옳은가? 당연히 옳지 않다. 이로 인해 각종 범죄가 더욱 성행하고 범죄 자금은 지하경제로 숨어들기 때문이다. 기업 윤리 면에서도 해서는 안 되는 짓이다. 하지만 전신 기업인 빈터투어은행이 설립된 1862년 이래 UBS는 200년 가까운 시간 동안 이런 짓을 버젓이 저질러 왔다.

이에 대한 국제사회의 비난은 나날이 거세졌다. 미국을 비롯한 서구 사회는 끊임없이 자국 범죄자들이 맡긴 돈의 규모와 고객(범죄

자)의 명단을 공개하라고 UBS를 압박했다. 2008년 7월, 미국 정부는 UBS에 미국인 고객 명단 제출을 요구했을 뿐 아니라 2009년엔 탈세 혐의가 의심되는 미국인 5만 2,000명의 비밀 계좌 명단을 내놓으라 며 소송을 제기했다. 소송 결과 UBS는 7억 8,000만 달러의 벌금을 물 고는 미국인 탈세 혐의자 명단의 일부를 미국 정부에 넘겨주기에 이 르렀다. 17세기 후반부터 수백 년 동안 이어진 스위스 은행의 비밀주 의가 마침내 깨진 순간이었다.

또한 스위스 정부는 경제협력개발기구OECD 국가들과 금융 정보를 교환하는 협정을 맺는 등 비밀주의의 베일에서 서서히 벗어나기 시 작했다. 이제는 UBS를 필두로 한 스위스 은행들이 국제 범죄 자금을 숨겨 주는 '검은돈의 도피처' 역할을 제대로 해내지 못할지도 모른다. 각국 정부가 범죄 자금의 규모와 예금주 정보를 요구하면 협정에 따 라 스위스 은행들이 이를 공유해야 하는 시대가 됐기 때문이다.

스위스 은행의 비밀주의는 이렇게 서서히 막을 내리고 있다. 그 렇다고 해서 수백 년 동안 그들이 범죄자의 비밀 금고 노릇을 했다는 사실은 변하지 않는다. '세계에서 가장 살기 좋은 나라'라는 스위스의 이 추악한 면을 역사는 어떻게 기록할까?

"대우 사태는 그룹이
해체된 지 24년 만에
일단락됐지만 문어발 확장과
재벌 총수에 의존하는
방만한 경영의 폐해는
고스란히 역사에 기록돼 있다."

_《민중의소리》

문어발에 딸려 온
41조 회계 조작

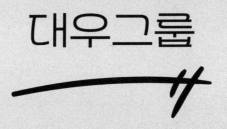

대우그룹

DAEWOO
GROUP

소재지: 대한민국 서울
창립: 1967년
해체: 1999년
분야: 섬유, 건설업, 자동차 등

_____ **What is Chaebol?**

세계 최고의 권위를 자랑하는 영국의 『옥스퍼드영어사전』에는 서양 사람에겐 독특하게 느껴지지만 우리나라 국민에게는 매우 익숙한 한 단어가 등재돼 있다. 바로 '재벌Chabol'이다. 사전의 뜻풀이를 인용 및 번역 하면 이렇다.

> Chaebol : (in South Korea) a large family-owned business
>
> conglomerate.
>
> 재벌 : (한국에서 사용하는 용어) 가족이 소유한 대규모 기업집단

재벌이라는 단어가 『옥스퍼드영어사전』에 등재된 이유는 이 말이 현존하는 그 어떤 영단어로도 바꿔 쓰기가 어렵기 때문이다. 재벌은 단순한 '대기업large company'과는 다르다. 또 다양한 종류의 사업을 하는 '복합기업conglomerate'과도 다르다. 『옥스퍼드영어사전』의 정의에 따르

면, 한국의 재벌은 '대규모 기업집단'인 동시에 '가족이 소유한다'는 두 가지의 분명한 특성을 지닌다.

다양한 일을 하는 대규모 기업집단은 서양에도 있다. 미국을 대표하는 대기업 'GE General Electric'만 해도 그렇다. 발명왕 토머스 에디슨 Thomas A. Edison이 창업한 전기 조명 회사가 모태인 GE는 초창기에 전기나 가전을 주력 사업으로 내세웠지만, 나중에는 재생에너지·정유·송배전·항공·헬스케어·운송·금융 등 수많은 분야의 사업에 뛰어들어 지금은 무엇이 주력 사업인지 헷갈릴 정도의 복합기업이 됐다. 하지만 이런 기업을 한 가족이 대대로 지배한 사례는 없다. 워낙 사업 분야가 다양하기에 최고 경영자도 각 분야의 전문가로 구성한다. 어찌 보면 그게 당연하다.

가족 경영 기업은 분명 서양에도 존재한다. 하지만 이런 기업이 다양한 일을 동시에 하진 않는다. 가족이 한 기업을 대대로 소유하는 것은 그 가족이 한 가지 사업 분야에 전문적 식견을 지니고 있으리라는 믿음을 기반으로 한다.

이런 이유로 전자 제품을 만들고, 대중문화 콘텐츠도 제작하고, 금융업도 하고, 배도 만들고, 건설도 하고, 놀이동산도 운영하는 대규모 기업집단을 한 가족이 지배하는 형태는 전 세계적으로 찾아보기 어렵다. 수많은 영단어 가운데 이런 기업집단을 적확히 표현할 단어가 없는 이유다. 다시 말해 재벌은 서양 사람들을 뜨악하게 만드는 한국만의 독특한 기업 구조인 셈이다.

문어발은 그래 봤자 여덟 개다

사실 재벌의 뿌리는 우리나라가 아니라 일본에 있다. 한자로는 우리와 똑같이 '財閥'이라고 쓰고 읽기는 '자이바쓰'라고 읽는다. 미쓰이, 미쓰비시, 스미토모가 바로 일본을 휘어잡던 '3대 자이바쓰'다.

이들의 역사는 우리나라의 재벌과 비교가 되지 않을 정도로 깊다. 미쓰이는 1673년, 미쓰비시는 1870년, 스미토모는 1919년에 각각 설립했다. 사실상 미쓰이는 중세 시대에 설립된 기업이라고 봐도 과언이 아니다. 그런데 제2차 세계대전 직후 미 군정 연합군최고사령부SCAP는 일본의 전쟁 수행을 지원한 기업을 해체하기 위해 3대 자이바쓰 가문이 소유한 주식을 강제로 매각해 분산시킨 뒤, 이들의 기업 경영을 원천 금지했다. 독점 금지, 카르텔 해체, 경제력 분산 관련 법을 제정해 신속히 자이바쓰를 박살 낸 것이다. 그 바람에 지금 한국은 사실상 재벌이 존재하는 유일한 나라가 되고 말았다.

앞서 이야기했듯 한국 재벌의 특징은 문어발식 사업 구조에 있다. 주력 사업이 무엇인지 모를 정도로 이것저것 다 건드려 계열사가 문어발처럼 주렁주렁 달렸다는 이야기다. 그런데 이런 표현은 사실 문어발에 대한 모독이다. 문어발은 아무리 많아 봐야 여덟 개밖에 되지 않는다.

1997년 외환 위기가 터진 직후 한국 사회는 재벌 기업의 '문어발식 확장'에 심각한 문제가 있음을 인지했다. 그래서 정부가 직접 나서 재벌들에게 '핵심 사업에 역량을 집중하라'고 지시했다. 상황이 얼마나 심각했던 걸까? 그 당시 한국 재계 순위 1위인 현대그룹은 자동차·전자·건설·중공업·증권·상선·종합상사 등 주요 계열사들을 제외하고도 동서관광개발·울산방송·현대쇼핑·현대리바트·현대알루미늄·현대종합금융·현대정유판매·한소해운·문화일보·현대우주항공 등 무려 79개의 계열사를 거느리고 있었다. 사업 영역도 백화점·홈쇼핑·관광·신문·방송·가구에 이르기까지 다루지 않는 분야가 없을 정도였다.

——— 아무리 세계는 넓고 할 일은 많다지만

이번 챕터의 주인공 대우그룹은 1967년 봉제품을 만들어 수출하는 작은 업체 '대우실업'에서 출발했다. 창업주 김우중은 '세계는 넓고 할 일은 많다.'라는 철학을 지닌 인물이었고, 이를 제목으로 한 자서전을 출간하기도 했다. 세상만사를 돈 버는 일로 보는 그의 성향을 고려하면 대우그룹의 문어발식 확장은 필연이었는지도 모른다. 김우중은 1974년 느닷없이 '대우전자'를 설립해 전자 산업에 뛰어들더니, 1978년에는 '대우조선공업'을 설립하고는 배 만드는 일에도 나섰다.

배를 만드는데 자동차는 못 만들 게 뭔가. 김우중은 '대우자동차'를 설립해 자동차 산업에도 진출했다. 이런 기세로 사업을 확장하던 대우는 외환 위기 직전까지 그야말로 안 하는 일이 없을 정도로 다양한 분야에 손을 댔다. 건설·금융·반도체·호텔·통신 등 다방면 사업에 진출한 것이다. 1995년에는 난데없이 케이블방송 사업을 하겠다며 'DCN'이라는 방송사도 설립했다. 지금 케이블 채널에서 볼 수 있

1995년 서울역에서 바라본
당시 대우그룹 본사(현 서울스퀘어)의 모습.

는 영화 채널 'OCN'의 전신이 바로 DCN이다.

대왕 문어처럼 확장에 확장을 거듭한 대우그룹은 1990년대 중반 현대, 삼성, LG에 이어 국내 '4대 재벌' 자리에 올랐다. 1998년에는 다른 기업들이 부진에 빠진 틈을 타서 현대그룹에 이어 국내 재계 순위 2위에 오르는 기염을 토하기도 했다.

1990년대 중반부터 김우중은 대우의 동유럽 및 중앙아시아 진출에 집중했다. 김우중에게는 가난한 개발도상국일수록 돈벌이가 훨씬 쉬우리란 확신이 있었다. 그는 대우그룹 핵심 경영진을 대거 차출해, 그 당시 막 사회주의에서 벗어나 시장경제를 받아들이기 시작한 동유럽과 중앙아시아 국가에 파견했다. 김우중이 그들에게 내린 특명은 이랬다. "내가 한국에서 한 것처럼, 다른 나라에서도 또 다른 대우를 만들어라."

이때 대우그룹 주변에는 김우중 회장이 파견 경영진에게 '그 나라 관리들에게 뇌물을 먹여서라도 목적을 달성해 오라. 그게 우리의 성장 방식이다.'라고 지시했다는 소문까지 나돌았다. 그만큼 대우그룹의 사업 규모 확장은 전례를 찾기 힘들 만큼 공격적으로 진행됐다.

하지만 왜 재벌을 뜻하는 단어가 영어권에서 아예 형성조차 되지 않았겠는가? 한 가지 일을 잘하는 사람은 있어도 수십 가지 일을 동시에 잘하는 슈퍼맨은 존재하기 어렵다. 아무리 수완 좋은 김우중이라고 해도 건설업, 자동차 생산, 금융업, 문화 산업, 세계적 단위 기업의 경영을 한꺼번에 잘할 수 있겠는가?

——— 최악의 분식회계, 그리고 몰락

외환 위기가 터진 직후인 1997년 12월, 대우그룹은 최악의 경제 분위기 속에서 쌍용자동차를 인수하며 오히려 몸집을 불렸다. 게다가 대우는 앞서 언급한 대로 1990년대 중반부터 동유럽과 중앙아시아에 진출한 터였다. 쉽게 말해 엄청난 자금이 필요한 시기였다는 뜻이다. 문제는 외환 위기가 터지면서 국내 대출금리가 어마어마하게 올랐다는 점이다. 1998년 초 시중은행의 예금 금리는 무려 연 20퍼센트에 이르렀다. 대출금리는 당연히 이를 웃돌았다.

대우가 갚아야 할 빚도 산더미처럼 불어났다. 빚을 갚을 여력이 없던 대우는 돈을 빌려 빚을 갚는, 즉 빚으로 빚을 갚는 지경에 이르렀다. 사태가 이 정도면 금융권은 절대로 대우그룹에 돈을 빌려줘서는 안 된다. 기업이 망해서 돈을 떼일 위험이 너무 크기 때문이다. 이때 김우중이 저지른 짓이 바로 분식회계, 즉 회계장부 조작이었다.

회계장부 조작과 관련해 세계적으로 널리 알려진 사건 가운데 하나는 앞선 17장에서 다룬, 2001년 파산한 미국의 에너지 회사 엔론의 분식회계다. 이 회사는 주가를 띄우기 위해 5년간 장부를 조작했는데, 그 규모가 13억 달러(우리 돈으로 약 1조 5,000억 원)였다. 그런데 대우그룹은 엔론보다 무려 27배나 많은 41조 원 규모로 장부를 조작했다. 대우의 분식회계가 세계 최대 규모였다는 이야기다.

검찰 조사 결과 김우중이 장부 조작을 대부분 직접 주도한 것으로 밝혀졌다. 한 예로 대우그룹의 1997년 임시 결산 장부에는 부채가 9조 7,493억 원이고 1조 2,803억 원의 손실이 난 것으로 나타났다. 그런데 김우중이 "부채는 7조 원대로 낮추고 손실은 이익을 본 것으로 고쳐!"란 한마디를 남기자 대우의 부채는 7조 4,741억 원으로 줄어들었고 1조 2,803억 원의 손실은 2,512억 원의 순이익으로 둔갑했다.

하지만 이런 분식회계만으로는 나빠질 대로 나빠진 대우그룹의 상황을 수습할 수 없었다. 빚이 산더미처럼 불어나면서 1999년 7월 대우는 3조 원의 기업 어음을 상환하지 못하는 상황에 이르고 말았다. 그해 11월 김우중은 대우그룹 회장직에서 물러났고, 대우그룹은 사실상 해체됐다.

김우중은 2006년 11월 대우그룹 분식회계를 주도하고 재산을 해외로 빼돌린 혐의 등으로 징역 8년 6월에 추징금 17조 9,253억 원을

2005년 해외 도피를 끝내고 인청공항에서 수사관들에게 연행되는 김우중 전 대우그룹 회장.

선고받았다. 2008년 1월 특별사면으로 풀려난 그는 2019년 12월 지병으로 세상을 떠났다. 하지만 검찰이 김우중에게 실제로 추징한 금액은 총 추징금의 0.5퍼센트에도 못 미치는 887억 원에 불과했다. 여전히 18조 원에 육박하는 추징금은 걷히지 않은 셈이다. 최악의 분식회계 사례를 남긴 김우중의 '문어발' 대우는 재벌이라는 개념에 오명을 한 줄 더 남긴 채 역사 속으로 사라졌다.

"베를루스코니 총리와
그의 거대한 미디어 제국이
계속해서 뉴스의 다양성을
위협한다."

_국경없는기자회

이탈리아를 수렁에 빠트린
미디어 그룹

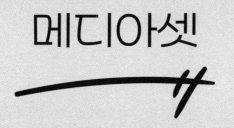

소재지: 이탈리아 밀라노
창립: 1978년
분야: 미디어

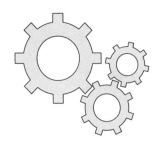

—— **공정한 방송의 힘**

남아메리카 아르헨티나에서 동남쪽 바다를 향해 나가면 남극대륙과 그리 멀지 않은 곳에 포클랜드제도Falkland Islands라고 불리는 섬 일군이 있다. 아르헨티나에서 불과 480킬로미터 남짓 떨어져 있어서 아르헨티나 땅이라고 생각할 수 있지만, 이곳은 사실 영국 땅이다. 그런데 1982년 4월, 아르헨티나가 이곳을 무력으로 점령했다. 그 당시 영국을 이끌던 마거릿 대처Margaret H. Thatcher 총리는 곧바로 군사력을 동원해 포클랜드를 습격했다. 그리고 전쟁은 약 석 달 만에 영국의 압승으로 마무리됐다.

이때 주목할 만한 사건이 하나 있었다. 보통 전쟁이 일어나면 나라 전체가 전쟁의 승리를 열렬히 기원한다. 언론사들도 당연히 '우리나라 이겨라!' 하는 내용의 뉴스를 보도한다. 하지만 영국 공영방송 BBC는 전쟁에 의외의 태도를 보였다. 포클랜드에서의 전쟁을 철저히 제3자의 입장으로 보도한 것이다. 한 예로 그 당시 BBC는 영국군을

'우리 군대'라고 부르지 않고 '영국군'으로 불렀다. 또한 영국 해군의 공격으로 아르헨티나 해군 323명이 목숨을 잃자, 사망한 군인들의 가족을 아르헨티나 현장에서 만나 그들의 슬픔과 고통, 전쟁의 참상을 취재해 보도하기도 했다.

대처 총리는 그런 BBC를 '반역자'라고 부르며 우리 편을 들지 않으면 가만두지 않겠다고 으름장을 놓았다. 하지만 BBC는 끄떡도 하지 않았다. BBC는 "우리는 영국이 아니고 BBC다.We are not Britain. We are the BBC."라고 선언하며 전 세계 시민의 알권리를 위해 최대한 객관적인 보도를 이어 갔다. 어떤 상황에서도 객관성과 공공성을 잃지 않는 태도, 이것이 바로 영국 공영방송 BBC의 전통이다.

이를 증명하듯 지금도 BBC는 영국의 뉴스 신뢰도 조사에서 매번 1위를 지킨다. 2023년 로이터저널리즘연구소의 조사에 따르면 BBC는 미국 국민에게도 가장 신뢰받는 뉴스 브랜드로 선정됐다. 이쯤 되면 세계에서 가장 신뢰받는 매체가 BBC라고 봐도 좋은 셈이다. 이것이 바로 공정한 방송이 지니는 힘이다.

_____ 오늘 대통령 각하께서는…

현대 민주주의 사회는 삼권분립을 기반으로 성립한다. 행정부·입법부·사법부가 바로 민주주의를 지탱하는 '권력 3부'다. 이때 많은 학자가 여기에 언론을 더해 '제4부'라고 칭한다. 앞선 3부에 버금가는 권력과 책임을 지닌 곳이 언론이라는 이야기다. 그래서 언론은 늘 객관적이고 공정해야 한다. 사실만을 보도하며 권력을 감시하는 기능을 수행해야 한다. 하지만 역사를 돌아보면 언론이 그 사명을 망각하고 권력에 빌붙어 나팔수 노릇을 한 경우가 적지 않다. 우리나라만 해도 그렇다. 1980년, 전두환이 군사 쿠데타를 일으켜 대통령 자리에 집권한 이후 한국 방송사들은 그를 찬양하고 미화하기에 바빴다.

1980년대 한국에는 KBS와 MBC, 두 개의 지상파방송만이 존재했다. 케이블방송이나 인터넷이 없던 시절이기에 뉴스를 영상 매체로 보기 위해서는 반드시 KBS나 MBC를 시청해야 했다. 두 방송사 모두 오후 9시 메인 뉴스를 시작하기 전에 시각을 알리는 신호음을 '뚜, 뚜, 뚜, 땡!' 하고 울렸다. '땡' 소리가 나면 9시 정각이 된 것이고, 이때부터 시그널뮤직이 나오며 뉴스를 시작했다.

여기서 황당한 점은 두 방송사 모두 뉴스 진행자들의 첫마디가 무조건 "오늘 전두환 대통령 각하께서는…"이었다는 사실이다. 그러고는 전두환의 행적을 상세히 늘어놓거나 그를 찬양하는 뉴스를 읊었다. 그래서 나온 별칭이 '땡' 소리 나자마자 '전두환'으로 뉴스가 시작한다는 '땡전 뉴스'였다. KBS와 MBC는 전두환의 행적을 가장 먼저 보도하기 위해 아예 전두환 전용 편집실까지 따로 만들었다.『한국현대사 산책 1980년대 편』의 저자 강준만 전북대 명예교수는 저서에서 그 당시 상황을 이렇게 설명한다.

'땡전 뉴스'는 그야말로 목불인견의 수준이었다. 이 땡전 뉴스는 심한 경우 총 뉴스 시간 45분 가운데 30분을 차지하는 경우도 있었으

며, 방송사끼리 누가 오래 대통령 동정을 다루느냐를 놓고 경쟁을
벌이는 해프닝까지 벌어지곤 했었다.

『한국 현대사 산책 1980년대편 2권』, 강준만, 인물과사상사, 2003, 158쪽

───── 3선 총리와 남유럽의 돼지들

지난 6월, 이탈리아 정치인 실비오 베를루스코니Silvio Berlusconi가 세상
을 떠났다. 베를루스코니는 막대한 부를 손에 쥔 기업인이자 무려 세
차례나 총리를 지낸 이탈리아의 거물급 정치인이었다. 문제는 그가
세금 포탈 및 뇌물 공여 등 수많은 혐의로 무려 열두 번이나 법정에
선 인물이기도 했다는 점이다. 성 추문도 한두 건이 아니었는데, 심지
어 그는 성매매 범죄도 저지른 바 있다.

총리로서 베를루스코니의 업적에 대한 평가도 매우 좋지 않다.
그는 한때 국내총생산GDP 기준으로 세계 5위까지 오른 적 있던 이
탈리아의 경제를 망친 원흉이기 때문이다. 베를루스코니가 1994년
에 처음 총리직에 오르고 2011년까지 총 세 차례에 걸쳐 총리를 역
임하는 동안 이탈리아 GDP 순위는 8위까지 추락했다. 집권 2기이던
2001~2006년엔 GDP 성장률이 연평균 0.6퍼센트에 머물렀다.

집권 3기(2008~2011)에도 이탈리아 경제는 나아지지 않았는데, 이
시기 이탈리아는 속칭 '남유럽의 돼지들'이라고 불리는 'PIGS 그룹'
으로 분류되는 수모까지 겪었다. PIGS란 그 당시 경제위기를 겪은 포
르투갈Portugal, 이탈리아Italy, 그리스Greece, 에스파냐(스페인Spain) 등 네 개
나라를 뜻한다. 하필이면 각 나라 이름의 첫 글자를 합친 것이 '돼지

2009년 지지자들 앞에서 연설 중인 베를루스코니.

들pigs'과 철자가 같아 이들은 '남유럽의 돼지들'이라 조롱을 당했다.

이쯤에서 궁금해진다. 이렇게 문제 많고 무능력한 인물이 어떻게 무려 세 번이나 집권할 수 있었을까? 그건 바로 그가 언론을 장악했기 때문이다. 전두환이 땡전 뉴스로 지상파를 장악했듯, 베를루스코니에게는 그를 철저히 옹호하던 미디어 권력이 있었다. 이런 '권언유착'을 이끈 기업이 바로 이 장의 주인공 메디아셋Mediaset이다.

메디아셋의 역사는 1973년 베를루스코니가 설립한 작은 지역 방송사에서 시작한다. 이후 성장을 거듭한 메디아셋은 주력 채널인 '카날레 5' 외에도 '레테 4'와 '이탈리아 1' 등 세 개의 지상파 채널을 보유한 거대 미디어 기업이 됐다. 이들 세 개 방송은 베를루스코니가 정계 진출을 선언하기 전부터 선정적인 방송으로 영향력을 넓혔다.

_____ 한 사람만을 위해 움직이는 언론

방송 권력을 등에 업은 실비오 베를루스코니는 1993년 9월 25일 메디아셋의 편집 관련 고위 간부들을 모아 놓고 정계 진출을 선언했다. 그의 출사표는 이랬다.

> 우리는 단합한 목소리를 내야 한다. 제작 책임자 모두가 자율성을 갖되 하나의 곡을 연주해야 한다. 절대로 다른 목소리가 나와서는 안 된다. 기자 한 사람 한 사람, 언론사 하나하나가 우리에게 이득이 되는 일이 무엇인지에 관해 확고한 신념을 갖고 일해 주길 바란다. 우리를 공격하는 자들에게는 우리 미디어 그룹 모두가 한꺼번에 나서서 반격해야 한다.

전쟁 선포문과도 같은 그의 일성에 메디아셋 산하 방송국들은 베를루스코니를 찬양하는 뉴스와 프로그램을 끝없이 쏟아 냈다. 미디어 플랫폼이 지금보다 매우 적던 그 시절 지상파가 대중에게 미치는 영향력은 절대적이었고, 베를루스코니는 이를 십분 활용했다. 이듬해 그는 손쉽게 총리에 당선됐다.

당선 후 그의 행보는 더욱 가관이었다. 이탈리아의 총리가 됐다는 것은 그 나라 공영 방송국에 인사권을 행사할 힘을 지녔다는 뜻이기도 하다. 이탈리아에는 우리나라의 KBS와 비슷한 위치인 공영방송 '라이'가 있다. 라이는 메디아셋과 마찬가지로 세 개의 텔레비전 채널을 보유한 이탈리아 최대 공영방송이다. 베를루스코니는 집권하자마자 라이를 장악하는 일에 총력을 기울였고, 그를 비판한 방송인들은 해고당했다. 대신 그에게 충성을 바친 자들이 방송사의 주요 직책을 싹쓸이했다. 안타깝게도 라이는 BBC와 같은 기개를 가진 방송국이 아니었고, 베를루스코니는 삽시간에 라이를 손에 넣었다.

베를루스코니가 총리직에 오른 이후 라이와 메디아셋 산하 방송국들은 그들이 방영하는 뉴스의 절반 이상을 베를루스코니 개인에 관한 내용으로 도배했다. 반면에 야당 관련 뉴스의 비율은 고작 20퍼센트 선에 머물렀다. 가히 1980년대 한국의 땡전 뉴스에 버금가는 편성이었다. 그뿐 아니라 이들은 '악마의 편집'도 서슴지 않았다. 베를루스코니가 유엔 총회에서 연설하던 때, 사실 청중석은 텅 비어 있었다. 하지만 이탈리아 방송사들은 텅 빈 청중석 대신 코피 아난Kofi A. Annan 당시 유엔 사무총장의 연설 때 꽉 찼던 청중석 장면을 붙여 넣었다. 이탈리아 시청자들은 베를루스코니가 유엔에서 열렬한 환호를 받았다고 착각할 수밖에 없었다.

한편 베를루스코니의 입지를 공고히 하기 위해 방송사들은 뉴스에 '샌드위치 기법'도 사용했다. 보통 방송사가 정치 관련 뉴스를 보도할 때는 정부와 여당의 입장을 먼저 내보내고, 야당의 반론을 그 뒤에 덧붙이게 마련이다. 하지만 그 당시 이탈리아 방송국들은 베를루스코니 개인의 의견이나 정부와 여당의 입장을 먼저 보도한 뒤, 야당의 주장을 가볍게 한두 마디 끼워 넣었다. 그리고 마지막엔 반드시 베를루스코니의 의견이나 정부와 여당의 입장을 다시 다루면서 마치 샌드위치를 만들듯이 이슈 보도를 마무리했다. 이렇게 하면 모든 쟁점이 베를루스코니와 여당의 주장으로 귀결되기 때문이다.

IL MIGLIOR CORTEO DEGLI ULTIMI 150 ANNI

BERLUSCONI DI

2009년 성 추문 보도 이후 베를루스코니의 퇴임을 요구하는 시위대.

 그리고 이들은 베를루스코니의 치명적인 흠조차 보도하지 않았다. 2009년 베를루스코니가 자신의 별장에서 성적으로 매우 난잡한 파티를 벌인 적이 있는데, 그 추문을 가장 먼저 보도한 곳은 이탈리아 언론이 아니라 에스파냐 언론이었다.

 이것이 바로 무능하고 부도덕한 베를루스코니가 무려 세 번이나 집권한 이유다. 미디어를 장악하고 권언유착을 통해 권력을 강화한 것이다. 하지만 그 결과는 세계 5대 경제 강국이던 이탈리아의 급속한 퇴보였다. 다시 한번 강조하지만, 언론은 제4부라 불릴 만큼 막강한 권한과 책임을 지녔다. 그런 언론이 사주社主의 입김에 휘둘려 공정한 보도와 권력 감시의 기능을 포기하면 어떤 일이 벌어질까? 베를루스코니와 이탈리아의 몰락이 그 결과를 잘 보여 준다.

도판 출처

북트리거 일반 도서

북트리거 청소년 도서

시장의 빌런들

당신이 소비하는 사이, 그 기업들은 세상을 끝장내는 중이다

1판 1쇄 발행일 2024년 5월 20일

지은이 이완배
펴낸이 권준구 | 펴낸곳 (주)지학사
본부장 황홍규 | 편집장 김지영 | 편집 공승현 명준성
책임편집 명준성 | 디자인 정은경디자인
마케팅 송성만 손정빈 윤술옥 | 제작 김현정 이진형 강석준 오지형
등록 2017년 2월 9일(제2017-000034호) | 주소 서울시 마포구 신촌로6길 5
전화 02.330.5265 | 팩스 02.3141.4488 | 이메일 booktrigger@naver.com
홈페이지 www.jihak.co.kr | 포스트 post.naver.com/booktrigger
페이스북 www.facebook.com/booktrigger | 인스타그램 @booktrigger

ISBN 979-11-93378-15-1 03320

북트리거

트리거(trigger)는 '방아쇠, 계기, 유인, 자극'을 뜻합니다.
북트리거는 나와 사물, 이웃과 세상을 바라보는 시선에 신선한 자극을 주는 책을 펴냅니다.